纪录片《子年北京》全文字版

北京百年往事

不寻常的十个「子年」

总撰稿　陈虎

撰稿　李冰　刘颂　冷威　向洪　乔文　董金明

中华书局

图书在版编目(CIP)数据

北京百年往事:不寻常的十个子年/陈虎等编著.
—北京:中华书局,2009.10
ISBN 978 - 7 - 101 - 06745 - 3

Ⅰ.北…　Ⅱ.陈…　Ⅲ.北京市 - 地方史 - 史料 -
1900 ~ 2008　Ⅳ. K291

中国版本图书馆 CIP 数据核字(2009)第 186049 号

书　　名	北京百年往事——不寻常的十个子年
总 撰 稿	陈 虎
撰 稿 者	李 冰 刘 颂 冷 威
	向 洪 乔 文 董金明
责任编辑	宋志军　李洪超
出版发行	中华书局
	(北京市丰台区太平桥西里 38 号　100073)
	http://www.zhbc.com.cn
	E - mail:zhbc@ zhbc.com.cn
印　　刷	北京市瑞古冠中印刷厂
版　　次	2009 年 10 月北京第 1 版
	2009 年 10 月北京第 1 次印刷
规　　格	开本/700×1000 毫米　1/16
	印张 13½　字数 100 千字
印　　数	1—10000 册
国际书号	ISBN 978 - 7 - 101 - 06745 - 3
定　　价	29.00 元

目 录

写在前面

　　本书的文稿来源于北京电视台出品的十集历史纪录片《子年北京》的原始解说词。这部纪录片是有感于北京举办奥运会而作,原计划在2009年初(农历戊子年)播出,但由于2008年的北京承载的内容太丰富,表现得太精彩,一时难以收笔提炼,因此拖至2009年新中国六十华诞之后才与观众见面,本书也才得以问世。也好,一箭双雕,这部作品既是有感于北京奥运会之作,也算是献给新中国六十华诞的一片心意。

　　纪录片《子年北京》的创意来源于我在世纪之交的2000年创作的历史纪录片《世纪龙年》。公元2000年是中国农历庚辰龙年,算下来,20世纪经历了九个龙年,我们就以这九个龙年为切入点(1904年、1916年、1928年、1940年、1952年、1964年、1976年、1988年、2000年),相应地用"流泪的龙"、"苏醒的龙"、"危难的龙"、"抗争的龙"、"抬头的龙"、"崛起的龙"、"悲怆的龙"、"振兴的龙"、"跨世纪的龙"为题,展现了一个世纪中华巨龙腾飞的历史。而《子年北京》则以自1900年至2008年108年中十个子年为切入点,镜头、笔锋凝聚在北京城,展现给观众和读者的是一幅北京百年变迁的历史画卷。

　　仔细品味,发现中国农历子年和现代奥运有不解之缘,中国农历纪年十二年一轮回,现代奥运会四年一举办,因此,中国的农历子年一定是奥运会举办年。2008年,就是中国的农历戊子年。于是,我们不仅以中国农历子年为故事的切入点,而且将奥运会作为参照物,把北京的发展变化置身于世界天平上来对比、衡量。这让我们发现,1900年第二届奥运会在巴黎举办的五个月,正是八国联军进攻北京,在北京烧杀抢掠的五个月,在那届奥运会上争夺各项比赛金牌的运动员大部分来自于这些国家;之后的1912年奥运会,当五大洲运动员首次团聚在五环旗下时,北京城在迎共和,男人们忙着剪辫子;1936年奥运会前夕,当各国运动员忙着备战奥运会时，北京的爱国青年则在抓紧军训，备战城外日本人的军事入侵……直到1984年这个子年，中国军团才隆重亮相奥运会，并首次实现金牌"零"的突破，而北京国庆游行队伍中打出"小平您好"这幅最具时代特色的横幅。2008年，尽管发生了那么多坎坷，北京照样举办了一届空前盛大、无与伦比的奥运会。回顾过去108年，北京城经历的十个子年的确是不同寻常的十个子年，因此我们和出版社将本书的名字定为《北京百年往事——不寻常的十个子年》。

千里之行，始于足下。有一个好的创意仅仅是一个开端，接下来的18个月是艰辛的，我和节目创作班子的所有成员埋头于北京百年历史的纷繁资料之中，大量地阅览，仔细地品味，精心地提炼，认真地核对，每个人读的书都有十几本、几十本、甚至上百本。对于制作电视纪录片，文字脚本只是完成了整个创作的一小部分，接下来更艰难的任务是完成视觉、听觉的电视表现。有时，为寻找一个镜头、一幅照片要花费几个月的时间，甚至都求助于国外的朋友和同仁。本书中使用的很多照片就鲜为人知，甚至是第一次披露，很有时代感。

18个月的辛勤劳动终于盼到了品尝成果滋味的时候了。这部纪录片和这本书的问世，有我们创作组每个成员的贡献，也饱含了北京市委宣传部、北京市社会科学院、北京电视台和社会上有关部门领导、专家、学者的关心、信任和支持。在此，我代表创作组全体成员向他们表示衷心的感谢。同时，我们也特别向在创作的重要环节给予我们宝贵支持的中央电视台、中国国际电视总公司、中央新闻纪录电影制片厂、中华书局、首都图书馆、北京档案馆、北京晨报等单位和著名演员王刚先生表示由衷的谢意！

怀着一颗为社会、为读者、为观众尽点力、做点事的虔诚之心，我们对作品的创作尽了自己最大的努力。如果读者能开卷有益，我们将不胜欣慰；但限于我们的能力和水平，作品中难免有失误之处，欢迎读者指正，敬请谅解。

总撰稿　　陈虎

1900年

（农历庚子年）

战乱的城

1900年奥运会宣传画

1900年5月，埃菲尔铁塔下的巴黎城热闹非凡，在已经开始了一个月的巴黎世博会上，法国卢米·埃尔兄弟制作的电影成为最受瞩目的焦点之一，人们用惊喜的目光关注着博览会上工业革命的最新成果，却很少有人注意到，人类历史上第二届现代奥运会，也正在巴黎同时进行着……从5月20日到10月28日，以当时西方国家为主的运动员，为86个奖项角逐了五个月之久，而就在这五个月，八个西方列强国家的军队对当时病入膏肓的大清帝国首都——北京进行了一场灭绝人性的劫掠。这一年是中国农历庚子年。

1900年，中国农历庚子年。此时，中国的封建社会已经历经两千多年的风雨，大清帝国的康乾盛世挥洒完了封建王朝最后的光辉，此后，内忧外患便接踵而至，大清帝国在步履蹒跚中苟延着最后的岁月。

1900年的一期《星期日邮报》上曾有这样两幅讽刺漫画。一幅是：一个身穿清朝官员服饰的人端着一个巨大的蛋糕，不同国家的军队正来争抢中国这块蛋糕，而蛋糕上的文字写着"正当的国际权利"；另一幅画的是列强各国围成一圈，将一个身穿清朝服饰的巨人抛向空中，漫画配发的文字是"再来一下，巨人就要散架了"。

1900年《星期日邮报》漫画——"正当的国际权利"

尽管，古老帝国陷入的巨大危机让这个家天下的实际家长——慈禧皇太后对"洋帝国"的巧取豪夺又恨又怕，但1900年1月31日这一天，农历庚子年的春节，据"升平署"的档案记载，慈禧皇太后照例在看戏，剧目照例是《跳灵官》、《连升三级》、《白门楼》、《蝴蝶梦》、《万寿无疆》等。

1900年《星期日邮报》漫画——"再来一下，巨人就要散架了"

光绪皇帝像

光绪皇帝自戊戌政变之后，就离开了他长住的乾清宫和养心殿，一直住在南海的瀛台。他很少出门，总是呆在自己的房间里，摆弄着满屋子的钟表，时不时传出来的咳嗽声，很让人担忧他的健康。

太后、皇上住的地方叫做宫城，也叫紫禁城。午门是紫禁城的正门，其他三座城门分别是北面的神武门，东面的东华门，西面的西华门。紫禁城的外面是皇城，皇城以内被称为宫禁，是不允许平民进出的。四座皇城大门——天安门、地安门、东安门、西安门，显示出皇家禁地的森严。

皇城外是内城，有九座城门。北边是德胜门、安定门，西边是西直门、阜成门，东边是东直门、朝阳门，南边中间是正阳门，两边是宣武门和崇文门。当时的北京，内城住的都是旗人，人数大约在40万到50万之间，汉人只有不到5万人，多是旗人家庭的奴仆。从顺治皇帝时起，八旗的驻地就是这样分布的：镶黄旗驻在安定门内，正黄旗驻在德胜门内，正白旗驻在东直门内，镶白旗驻在朝阳门内，正红旗驻在西直门内，镶红旗驻在阜成门内，正蓝旗驻在崇文门内，镶蓝旗驻在宣武门内。内城取缔了一切商业街区，严禁开设戏园、旅店及娱乐场所，目

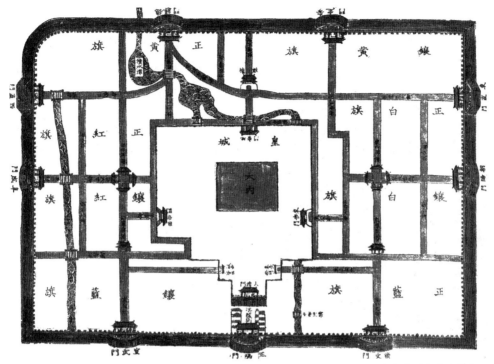

北京内城八旗驻地分布图

的是分列八旗，拱卫皇城，确保紫禁城的绝对安全。

外城在内城的南边，有东便门、广渠门、左安门、永定门、右安门、广安门、西便门等七座城门。外城是非旗人居住区，不仅有名士显宦，也有商贾匠作、贩夫走卒。正阳门外大街是全北京最繁华的集商业、娱乐、餐饮为一体的商业街区。前门大街以东是"商贾匠作之地"，大街以西是"旅店、商贩、优伶丛集之所"。前门的南面还依次排列着花市、米市、珠宝市、骡马市等街市。宣武门外则居住着大批汉族文人仕宦，并形成一条文化街——琉璃厂。

位于内城东交民巷使馆区的西洋建筑是当年北京城一道独特的风景。英国公使馆建在使馆区的西北边，占地三英亩多，有许多建筑群和花园。使馆里有座英国圣公会的小教堂，方便使馆成员去做礼拜；里面还有一座宽敞的剧院，使馆官员还可以在使馆中骑马、骑自行车、打草地网球和保龄球。

使馆区有外国人开的商店，出售最新潮的欧洲商品。美国人赫兰德在他的《一个美国人眼中的晚清宫廷》中提到一家丹麦人开的商店，他说就连光绪皇帝也是这家商店的主顾。光绪皇帝幼年时的一些玩具，如音乐盒、音乐车、汽车、轮船、会打点的钟表、瑞士手表等，都是太监们从这家商店里买的。

洋人自己有银行，甚至还有一家北京旅馆，老板是35岁的瑞士人沙孟和他的美国妻子安妮。

英国《泰晤士报》驻北京的记者——澳大利亚人莫理循这一年在北京安顿下来，他花了153英镑在汉人居住区买了一座大房

东交民巷英国公使馆

东交民巷东口

莫理循（前排正中）与仆人孙天禄（后排右一）等的合影

子，共有26个房间，兼做办公室。他在给母亲的信中描述了他的住处："我住在一套中式房子里，但我把它改造成了欧式风格。我一个人住，只有书和我做伴，到使馆区需要走过好几条肮脏的街道。我有一辆马车，养了两匹马，雇了一个马车夫（月薪2英镑）。另外我还雇了一个男仆（月薪1英镑）、一个主厨（月薪1英镑）、一个小厨（月薪12先令，由主厨付）、一个小工（月薪14先令）和两个马夫（月薪共3英镑）。"

电话，在当时被叫做"德律风"。北京当时有丹麦人架设的电话线，也有盛宣怀主持的中国自营的官电局。但莫理循不是通过电话口述而是使用电报略语来写新闻报道的，然后通过北京外城的电报局把稿件发送回英国。

莫理循在发回的报道中这样记述他在北京的所见所闻：驮着蒙古兽皮和皮毛的骆驼长队；戴着手铐脚镣、脖子上还套着木枷的犯人；头上盘着辫子、挑着令人难以置信的重担的苦力；衣衫褴褛、提着老式武器的士兵；还有小商小贩、魔

运煤的骆驼队

剃头匠梳理大辫子

缠足的妇女

术师和缠着"三寸金莲"的姑娘；在外城的店铺、茶馆、剧院都挂着许多颜色靓丽的广告牌和旗子来吸引满族显贵。

确实如莫理循描绘的那样，不管皇族百官还是士绅耆老，不论行商坐贾还是平民百姓，辫子，是当时中国男人最为显著的特征，而长袍马褂则被外国人看做是中国人的国服。清代女子与别国女子最大的不同之处不在头上，而在于"脚"。1900年的北京，不仅汉人妇女缠足非常普遍，就连旗人女子也有缠足的。

此时，听戏已经融入了北京人的日常生活。皇城里的慈禧皇太后酷爱京剧，经常召戏班子进宫演戏；内城中的王公仕宦也私蓄戏班，时常张宴摆戏；剩下众多的满汉闲民、八旗子弟只能留连于建在外城的广和楼、太平园、中和园、裕和园等戏园子中，捧角儿玩儿票。

茶馆是富人和穷人都喜欢光顾的地方，相声、大鼓，各式各样的说唱演出没有间歇，富人品好茶、吸纸烟，"哈德门"、"红锡包"、"土耳其"、"大英牌"，只要招个手，立刻就有卖洋烟卷儿的小贩送到手边；穷人喝不起茶叶，来一壶高碎也能歇歇脚儿。茶馆的旁边就有打麻将的地方，鸦片馆就开在胡同边上，大小妓院集中在宣武门外的八大胡同，生意十分火爆。

照相留影是当时非常时髦的消遣。内宫里有酷爱照相的珍妃娘娘，她甚至还拍摄了大量的男装照片。不过，此时的珍主子已经没有拍照的自由了，她只能在冷宫中凄凉地打发着已经不多的岁月。开在外城中的北京丰泰照相馆、和平摄影社却生意繁忙，人来人往，络绎不绝。还有喜欢西洋影戏、西式跑马的，也有热衷于买彩票的。天子脚下的臣民们勤勉地奔波着，也悠闲地消遣着，没有人意识到一场可怕的灾难即将来临。

春节这一天，是一个雪后放晴的日子，京师的"内九外七皇城四"那些高大巍峨的城墙、壁垒森严的城门沐浴在雪后的阳光下，宛如披上了一层金色的甲胄，宽阔的护城河在阳光下也显示出固若金汤的威仪。从清晨到傍晚，钟鼓楼的钟鼓声和内外城门上的点声，像往常一样相互呼应着，回荡在北京城里，苍凉而悠远。

没有人知道，此时沐浴在京城上空的这层金色光芒将是这些拱卫京师近五百年的城门和城墙最后的回光返照；没有人知道，宽和、散漫的北京人此时正在享

怀抱宠物的满族妇女

受的是他们这个世纪里最后的悠闲时光；也没有人知道，此时宛如牧歌般宁静的北京城将在一场惨痛的浩劫中送别19世纪这个最后的"子年"。

　　震动首先来自大内皇城。春节前的1月24日，一道上谕宣布，15岁的溥儁被立为大阿哥，也就是皇位的合法继承人。这个意在废除光绪帝的讯号，引起了中外舆论的普遍关注。各国使馆照会清政府，他们只承认光绪皇帝的清朝政府。外国人对光绪帝的力挺让慈禧皇太后很不舒服，她觉得，说到底，大清国的家还得由她来当，她的决定连宗室贵戚、封疆大吏都没有二话，哪里轮得到洋鬼子说三道四。

　　而在民间，由于中国北方遭遇巨大旱情，风行于山东和河北的义和团发出揭帖，称："不下雨，地发干，都因教堂遮住天。"这支以贫苦农民和社会底层民

慈禧皇太后像

众为主组成的义和团，把鸦片战争以来国破家亡的民族灾难归咎于洋人、洋教、洋货，提出"扶清灭洋"的口号，洋人被杀、教堂被攻击的事时有发生。

英国《泰晤士报》驻北京记者莫理循在他的日记里是这样写的："雨水的稀少是造成危险的原因。在中国人看来，正是因为外国人破坏了风水，才使老天不下雨。"

时任奥匈帝国驻北京公使的阿图尔·冯·讷色恩则见解不同。《庚子闻见录——奥匈使团驻华纪实》一书中披露了讷色恩对于义和团兴起原因的重要观点，他认为第一个原因是，欧洲人企图瓜分中国；第二个原因在于，用条约强加给中国人的，而且有时是用炮舰推行的传教士的活动。他还认为另外的原因在于几个敌视外国的宫廷顾问身上，部分也在于实际上掌握大权的慈禧太后本人身

女义和团员——红灯照

义和团战士

上。讷色恩曾说过这样的话："我要是中国人，就当义和团！"

清政府在对义和团是"剿"还是"抚"的问题上举棋不定，而朝廷中的保守派势力欲借义和团的力量打击洋人。就在这种模棱两可的态度下，义和团运动迅速发展，很快席卷山东、河北，并逐渐进入京畿。

4月，北京城内出现义和团的活动。

5月，当巴黎的奥运会上首次出现女运动员简约着装的身影时，北京的许多十三四岁的少女也大胆地穿上了红色的束身剑袖装，自称"红灯照"。

平时就处心积虑要用武力瓜分中国的西方列强借机发难，他们以保护使馆和侨民的安全为借口，强行出兵中国。

6月的巴黎奥运会，正在进行的是击剑比赛。参赛国中的六个国家——英、法、德、意、奥、美和沙俄、日本的军队在中国的天津集结，6月10日，他们在英国海军中将西摩的率领下向北京进发。

此时，在慈禧太后的默许下，北京城守军打开城门，义和团开始大批进入北京城。一夜之间，京师内外住满了义和团，民众也纷纷参加，端郡王府、庄亲王府都成了义和团的总部，庄亲王载勋本人及其家属都成了义和团的一员。

进了城的义和团把仇恨都集中到"洋"字上。义和团将东交民巷改名为切洋鸡鸣街，令人各处宣传，写条粘贴各巷。在仲芳氏所著的《庚子纪事》的记载中，义和团不仅在北京砸了所有带"洋"字的东西，还攻击了他们认为宣传邪教的教堂。

而前方的战事也更加吃紧，增援的八国联军军队攻陷大沽口炮台，再次威胁京城。

6月21日，慈禧皇太后颁布诏书向各国宣战，宣战上谕写得慷慨激昂：列强30年来"益肆嚣张，欺凌我国家，侵占我土地，蹂躏我民人，勒索财物，朝廷稍加迁就，彼等负其凶横"，"与其苟且图存，贻羞万古，孰若大张挞伐，一决雌雄"。上谕表明要招抚义和团，称义和团"下至五尺童子，亦能撑干戈以卫社稷"。

随后，清兵和义和团开始围攻各国在北京的驻华使馆，在京的外交官和所有的外国人都集中到了东交民巷的英国公使馆，这个昔日被称为江米巷的地方成为一个奇特的两军前沿阵地。

7月中旬，当巴黎奥运会田径比赛进入决赛阶段的时候，重新集结的八国联军攻陷了天津。8月，当本届奥运会的游泳比赛在波涛汹涌的塞纳河中进行时，八国联军2万人再次向北京进发。

意大利记者阿德里亚诺·马达罗根据当时意大利驻中国公使朱塞佩·萨尔瓦戈·拉吉侯爵的日记撰写的《1900年的北京》，详细地记录了八国联军攻入北京的每一个细节：

"8月10日，下午，天津派来一个送信人，送来了两封信：一封是英国将军盖斯利的，另一封是日本将军福岛安正的。信中说，强大的部队即将到来。日本将军告知，如果不出现意外的情况，我们将在13日或14日到达北京。"

8月13日，联军开拔到了北京城东面约三英里的地方安营扎寨，准备第二天攻城。13日的半夜，狂风大作，暴雨来袭，沙俄军队抢先向离英国公使馆最近的东

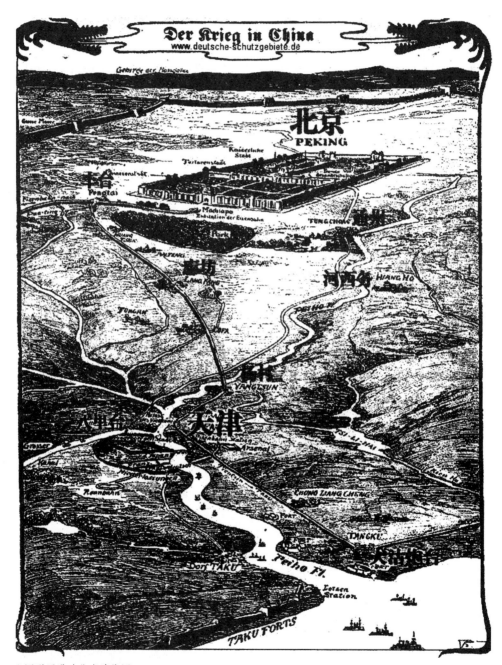

八国联军进攻北京路线图

便门发起了猛烈攻击，并用两门大炮把城门轰开了一个洞口。

日本军队凭借兵力优势，集中所有44门大炮，先后向齐化门（朝阳门）发射了1000多发炮弹，整个城门、箭楼变成了一片废墟。

美军士兵沿着东便门与沙窝门（广渠门）之间的一段有裂缝的城墙攀越而上，迅即向北推进。

英国军队直到14日中午才投入战斗，用两门大炮轰开沙窝门的城门之后，长驱直入。从哈德门（崇文门）下面幽暗的水门穿过，进入英国公使馆。

美国军队在攻下正阳门之后，于15日清晨，在炮兵的掩护下通过大清门，并强行推进到天安门城楼前，架起两门炮，近距离对东侧门进行了连续的轰击，试图打开一条通往紫禁城的道路。然而，包了铁皮的厚实大门在炮火轰击下竟然岿然不动。最后，是紫禁城东面的日军工兵送来了云梯，美军才得以登上天安门城楼，并在那儿升起了星条旗。

1900年8月的北京，枪声、杀声、哭叫声打破了城市上空的寂静，曾经沐浴在金色阳光下似乎固若金汤的防御工事在炮火声中如幻象般坍塌。8月15日凌晨，城将破之时，一身汉族农妇装扮的慈禧从神武门出宫，踏上了流亡之路。那是一个雨天，官道上泥泞难行，一位皇太后、一位皇上、一位皇后，风餐露宿，忍饥挨

美国军队炮轰天安门

景山前的弘佑天民牌楼

　　饿，仓皇西逃。大雨中，神武门外景山前的牌楼上"弘佑天民"四个大字在北京刚刚装上不久的路灯灯光映照下格外醒目，但坐在轿内的皇太后已经无心留意这一幕，留在京师的天朝子民也只能在这万劫不复的时刻听天由命了。

　　正当英、法、美、德、意、奥的运动员在巴黎奥运会的游泳、划船比赛中激战犹酣的时候，八国联军在北京城里也展开了烧杀抢掠的竞赛。京城内几乎每一家商铺都遭到彻底的抢劫，尤其是珠宝店和钱庄，还有当铺。据统计，京城200多家当铺没有遭到洋人抢掠的仅有4家。

　　如果说抢掠商家大多还是联军官兵的个人行为，而抢劫官府、王府、皇室就是各国"有组织的军事行动了"。在户部尚书立山家里，价值40多万两银子的珠宝和价值350多万两银子的各种古玩被联军全部运往法国使馆；从军机大臣宝鋆家的水井里，日本人发现了30万两白银；日本军队还迅速准确地在户部衙门里挖开一个巨大的地下银库，把里面数千万两银锭搬运一空，包括一个也许是那时世界上最大最重的纯金砝码，这一砝码的重量"和一个真人的重量相似"。

在占领颐和园的50天时间里，沙俄军队雇用民间的大车，昼夜不停地从颐和园往俄国使馆拉运财宝。英国军队的司令部设在天坛，"每天都有装载珍品的车辆运出天坛，上面是丝织品、皮货、白银和玉饰、绣花衣服等"。英军还把天坛内大清帝国皇室祖先的牌位全部运回国内，至今依旧陈列在大英博物馆里。

8月17日，莫理循给《泰晤士报》发了一封电报，电报上说："北京现在完全处于外国军队的控制下。列强军队有组织地进行抢劫。法国和俄国的国旗飘扬在皇城最好的地段。据说，那里埋有许多皇宫的珍宝。日本人挖到一个密窖，据传里面藏有50万两白银。"

在北京的外国人都承认"所有官兵都参与了抢劫"。一个俄国中将，离开北京时带走了整整十个大箱子，里面装满了从皇宫里掠夺来的奇珍异宝。英国公使窦纳尔的夫人"非常热心掠夺"。尽管莫理循和其他人都在谴责窦纳尔爵士和夫人疯狂的掠夺行为——至少有185箱，但他自己在8月28日随同联军部队进入紫禁城时，也捞到了一块精美的镶金玉佛手，他还通过杜卡特上校弄到了"全北京最好的玉"，并以2000两白银的价格卖给了别人。

9月24日，莫理循给《泰晤士报》发了一封电报，电报上说："俄国人洗劫颐和园的行动已经完成，所有贵重物品都已包装好并贴上标签。"

对北京天文台的劫掠应该说是有预谋的，德军元帅瓦德西在6月10日时就曾说过，北京城破之日，"注意力要集中在这个充满神秘色彩的城市，它的宫殿、宝塔、庙宇等名胜古迹以及古代天文仪器"。8月14日，德国军队首先占领了观象台。10月17日，刚刚来到北京的瓦德西在见到这些仪器后赞叹不已，他下令要将他的"战利品"运回德国。12月2日，德、法两国侵略者，在光天化日之下公然将这些仪器拆散，运到了德、法公使馆内。

古观象台被德国军队占领

　　莫理循为此给《泰晤士报》发了一封措辞严厉的电报，强烈谴责掠夺北京天文台举世闻名仪器的野蛮行为。他在电报中说："令人遗憾的是，法、德两国都想把天文台中的珍贵仪器据为己有。在瓦德西伯爵批准下，两国将领下令从北京天文台的墙上剥下这些超级天文仪器。这些仪器最初是耶稣会的神父安装在天文台里的，200多年来，一直是北京的主要荣耀之一。这些仪器制作精美，巧夺天工。它们一半被送往柏林。其实，德国人根本没有任何理由获得这些珍品，只因为瓦德西伯爵当上了联军司令，他们才敢如此胆大妄为。另一半送往巴黎。这种破坏公共财产的野蛮行径是十分令人遗憾的……"

　　而瓦德西在回忆录中却这样写道："各国都在互相指责掠夺行为，但是实际上各国都在疯狂地大肆掠夺。"不过，他也承认掠夺造成的破坏难以估计。

清朝皇室档案中官员的奏折虽大多语焉不详，但仍能够看出当时侵略者的狰狞面目。宗室溥良上奏说，八国联军把大清银库里的钱、绸缎库里的绸缎全部拉走，颜料库也被他们抢劫一空，抢完户部之后，又放火烧毁了户部衙门。军机处寄留京办事大臣昆冈等上奏："诸王贝勒贝子公府第暨大小官员住宅多为洋兵占据，劫掠一空。"庆亲王奕劻上奏说，他的总理各国事务衙门被八国联军占据，34颗官印除了一颗还在其余全部丢失，所存档案也全部被焚毁。兵部尚书裕德也说，兵部马厩里的马匹和马车"自洋兵进城，均被抢掠一空，难以备差"，不得已只能雇人步行传送公文。御医张仲元等也上奏说，从八国联军进城开始，商铺和民居多半被抢劫后放火烧毁，他们自己的车马衣物被抢掠一空，就连身上的散碎银两也让洋鬼子搜走了。他们还报告说，同仁堂药铺已经被烧毁，人也都离开京城出去逃难了，现在京城里能用的药品很少，就连御药房也被洋人派兵把守，库存的药品能不能运出来还不知道。

不但皇宫和官衙遭到了洗劫，据齐如山先生的遗稿，北京城所有的买卖全部被抢，无一幸存。当铺和米粮店门前扔下的衣服和洒落的粮食堆成了小山；最特别的是抢酒店，有用盆盛的，有用壶灌的，有用桶担的，洒得满街酒香，十里以外都能闻得到。抢劫过后，满大街都是卖衣服的，一块钱能买两件两截大衫；绸缎夹袍，每件还不到一块钱；皮袄，九成新以上的，每件也不过三四块钱。

劫难中的北京，不知有多少男子遭到八国联军的屠杀，多少女子遭到八国联军的蹂躏。在八国联军入侵北京期间，居民不堪凌辱，投井、跳河、上吊、自焚、服药自尽的比比皆是。

前吉林将军延茂全家十二口自焚殉节；国子监祭酒王熙元一家三口服药自尽；宗室恩煦族人九口自缢身亡；前国子监祭酒、京都团练大臣王懿荣写下"君辱臣死"的遗言后，自缢身亡，他的妻子、儿媳随后投井自尽。根据有关史料的不完全统计，1900年，北京城城破的两天之内，全家集体自杀的皇亲国戚达30多户，自杀总人数近2000人。

八国联军的杀戮

　　由于种种原因没有来得及自杀的王公贵族遭遇的苦难足以说明，这个帝国的王公贵族们为什么会纷纷全家自杀。户部尚书崇绮是大清帝国第一位也是唯一一位蒙古族状元，他还是同治皇帝的老丈人，城破之时他已逃到了保定，他的家人全部落入了联军之手。崇绮家所有的女人，包括他的妻妾、女儿、儿媳等都被联军关在天坛，遭到联军官兵的肆意侮辱——"数十人轮奸之"。被释放回家之后，崇绮的儿子崇葆公爵"愤恨无地"，在自家府邸的院子里挖了个大坑，先把母亲和年幼的孩子们活埋了，然后又为自己挖了个坑，"自缢身死"。其他的人在崇绮之妻瓜尔佳氏的带领下，全部自杀。得到消息的崇绮大哭一场后，自己也搓了根草绳吊死在保定莲池书院满是灰尘的房梁上。

　　莫理循的传记中提到了一个中国人的姐姐遭到俄国士兵轮奸，他们全家七口人在烧掉房子后，全部吞鸦片自尽。齐如山先生在遗稿中，也写了西直门外的村庄里，多是从城内逃难出来的人，其中十几岁的姑娘为了保住贞节在衣服上、脸上涂满了粪便。

占领之后的杀戮普遍发生于京城的每个角落。在庄亲王的府邸，尸体有1700具之多。联军"逢人即发枪毙之，常有数十人一户者，拉出以连环枪杀之，以至横尸遍地，弃物塞途，人皆踏尸而行"。

原意大利驻京公使朱塞佩·萨尔瓦戈·拉吉说："在一个城区，我听说妇女和儿童被杀害了，那就是哈德门大街的西边，西打磨厂和观象台之间，最初由俄国人占领的地区。……我去了那儿，看到小孩被劈开了脑袋，妇女被脱光了衣服、被残杀，还可能先是被强奸了。我真希望我能够否认一切，但我不得不承认，这是事实。"

1900年8月28日，当慈禧皇太后在崇山峻岭间逃难的时候，北京的天色一片晴朗，天安门前，联军官兵集合完毕，准备在紫禁城内阅兵。从史料上分析，联军

八国联军穿越紫禁城的仪式

八国联军在紫禁城内集结

阅兵的线路是：自金水桥往北，从天安门中央门洞进入，过午门，进入紫禁城，然后沿着紫禁城的中轴线，进太和门，经太和殿、中和殿、保和殿，进乾清门，经乾清宫、交泰殿、坤宁宫，再从坤宁门进入御花园，然后出贞顺门。也就是说，外国军队以武装示威的方式，从南到北穿过帝国皇家最核心的禁区。一个跟随联军阅兵队伍进入紫禁城里的外国记者写道："进皇宫的行动实现了，洋鬼子在两秒钟之内亵渎了帝国天朝保持了五百年的圣地。"

耀武扬威的八国联军将军队开进了紫禁城，皇帝的后宫，变成了各国的武器库与兵营。早晨，美国军队举行阅兵式；下午，法兰西官兵开始打马球。冬天，德国军队在这里举行了盛大的阅兵游行，炫耀军威。

对义和团的搜捕从进城伊始就开始了，数以万计的义和团民被虐杀，从世纪初留下的老照片中，我们可以看到那些所谓的文明国家残忍的手段。而慈禧皇太后又一次选择牺牲国家的尊严、牺牲她的臣民，保全自己的性命与富贵。8月20

八国联军在北京齐化门外屠杀义和团团员

日，朝廷以光绪皇帝的名义发布"罪己诏"，向列强政府赔礼致歉。

在巴黎奥运会即将结束的前夕，10月11日，作为清政府的议和全权大臣李鸿章来到北京。这个自诩为"裱糊匠"的朝廷重臣，再也无力为这个破败的江山继续堵漏补缺了，1901年9月7日，他最后一次在屈辱的和约上签下了自己的名字，两个月后他死在了北京贤良寺的病床上。这个条约被称为《辛丑条约》，规定中国将向列强赔偿高达4.5亿两的白银，按当时的人口合每人一两银子，而当年清政府的财政收入，只有8000万两白银。

1901年2月18日，当20世纪的曙光已经点亮整个世界的时候，北京等到了19世纪最后一个庚子年的除夕夜。夜色掩盖了烟熏火燎的王府废墟，掩盖了一座座城墙上残留的血迹，城墙上被炸出的缺口和洋人们为了把铁路铺设到使馆区而扒开的城墙豁口在夜色中黑黢黢的，显出一副怪异的模样。正阳门已经第二次毁于大

《辛丑条约》签字仪式

1901年初正阳门城楼的残垣断壁

火，前门楼子前的衰败景象、残破的城楼上架设的枪炮、持枪巡视的美国士兵都让京城的老百姓看不到生活的希望。

1912年

（农历壬子年）

共和的城

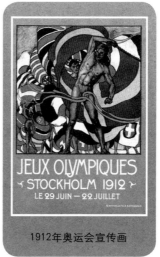

1912年奥运会宣传画

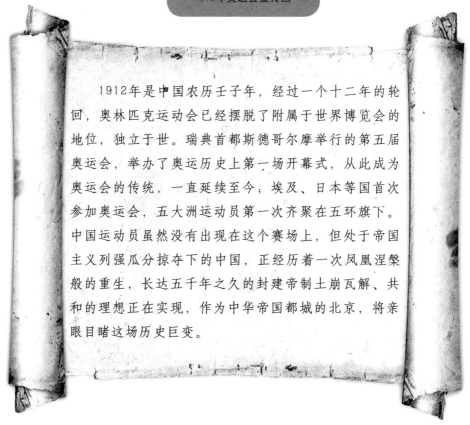

1912年是中国农历壬子年，经过一个十二年的轮回，奥林匹克运动会已经摆脱了附属于世界博览会的地位，独立于世。瑞典首都斯德哥尔摩举行的第五届奥运会，举办了奥运历史上第一场开幕式，从此成为奥运会的传统，一直延续至今；埃及、日本等国首次参加奥运会，五大洲运动员第一次齐聚在五环旗下。中国运动员虽然没有出现在这个赛场上，但处于帝国主义列强瓜分掠夺下的中国，正经历着一次凤凰涅槃般的重生，长达五千年之久的封建帝制土崩瓦解、共和的理想正在实现，作为中华帝国都城的北京，将亲眼目睹这场历史巨变。

俯瞰1912年的北京，内、外城的轮廓依然清晰可见，但曾经固若金汤的城池，此时已经肢体破损。在飞檐斗拱间，几组西洋建筑突兀地跃入眼帘，打破了中国传统建筑的和谐：天安门东南侧的东交民巷地区，云集着鸦片战争以来侵华各列强国家修建的公使馆和兵营，是中国政府无权过问的"国中之国"；正阳门外，十一年前为运送八国联军侵华物资而延伸过来的铁路终点处，建起了带着钟楼的正阳门车站。天子身边的这些西洋建筑，无声地记录着晚清政府腐败无能、任人宰割的屈辱。

1912年2月18日，是农历壬子年正月初一，紫禁城里最为高大的建筑——太和殿，寂静异常。本该在此时出现在太和殿里的皇帝溥仪，已经无权踏入这座宫殿。六天前，清帝退位诏书颁布，封建帝王对中国的统治就此宣告结束。目睹了包括帝王登基等一系列宫廷庆典的太和殿，此时剥离了和皇权的联系，在北方风沙的打磨下，渐渐失掉了皇家的气度。

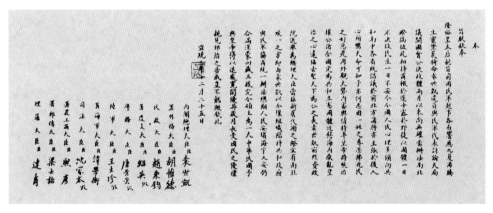

清朝皇帝退位诏书

上个子年八国联军入侵北京、清政府被迫与入侵者签订卖国的《辛丑条约》之后，各地风起云涌的反帝反封建斗争更为高涨，末代皇帝溥仪在成年后阅读自己登基前的清史档案时，得到了这样的印象："我从那个时期的档案里还看到不少'败死'、'败退'的字样，这类字样越多，也就越说明风暴的加剧。这就是当时那些王公大臣们的忧患所在。"这场被溥仪称为"风暴"的斗争，以1911年10月发生在武昌的辛亥革命为高潮，摧枯拉朽般加速了清政府的灭亡。

前清大臣绍英等记录了清帝退位后的一幕场景："袁世凯早朝，言民国对清

袁世凯

隆裕太后与溥仪

室优待费，每年四百万圆。并泣曰：'请皇太后好好教皇上念书，将来还有还政之日。'太后回宫，对近侍说：'袁世凯真是忠臣。你看他哭的那样。又给我们争优待费。'第二天早晨起来梳洗，官服整素，等待早朝，直等至十点钟，太后不能耐，说：'今日军机大臣等什么时候，还不上来？'回答说：'袁世凯昨日临行时言语，从此不来矣。'太后闻言，目瞪口呆多时，急曰：'难道大清国我把它断送耶？'由此就饮食减少，疾病缠身了。"

北京城大小王府里，人心惶惶，这个年是没心思过了。满族贵族极其恐慌，生怕改朝换代后一家大小的性命不保。一些王公贵族开始把家里收藏的古玩陈设拿到外国人开的拍卖行变现，然后把财产转往天津、青岛等地。

溥仪在《我的前半生》中记录了退位诏颁布后王公贵族的反应："一部分王公跑进了东交民巷，奕劻父子带着财宝和姨太太搬进了天津的外国租界。醇王……回到家里抱孩子去了。……袁世凯……由大清帝国内阁总理大臣一变而为中华民国的临时大总统。而我呢，则作为大总统的邻居，根据清室优待条件开始了小朝廷的生活。"

悬挂五色旗的故宫太和殿

　　此时的溥仪，只能和他的小朝廷暂时蜗居在紫禁城的后廷部分，待日后搬往其他地方。昔日皇权的象征——太和殿，则挂起了民国国旗，收归共和政府所有。而此时仍保留着皇帝称号的溥仪，虽然还穿着龙袍，却也只能够从紫禁城的后门——神武门，进进出出了。清帝退位后，仍有少数昔日的王公大臣出入紫禁城，但是过去的排场是没有了，溥仪回忆道："在民国元年，这些人到紫禁城来大多数是穿着便衣，进〔紫禁〕城再换上朝服袍褂。"

　　溥仪的弟弟溥杰回忆清帝退位后的家族生活时说："家中一直使用宣统年号，逢年过节还公然穿戴清朝袍褂，带着护卫、听差，大摇大摆走在街上。""时常听说满族到处受排斥，皇族改姓金，瓜尔佳氏改姓关，不然就找不到职业。"

北京城里的老百姓，则过了个冷冷清清的旧历年。冷清到什么程度呢？想给家里的老人、孩子做身过年穿的新衣服都难。

1911年10月武昌起义爆发后，北京的大户人家就纷纷外逃，而北京城里革命党人暗杀清朝贵族和政府高官的案件发生了好几起，暗杀者最倚重的武器——炸弹则随处可见。曾有一洋车夫在北城一条胡同里，捡到遗失的炸弹一枚，还有人把一枚炸弹误扔到西城一家小学堂里，幸好这两枚炸弹都没有爆炸，否则后果不堪设想。时局如此动荡，使得前门外的那些绸布店老板很是惊恐，纷纷把自己店里的贵重布料运往东交民巷，请那里的外国保险公司代为保管。于是旧历年前，前门外的绸缎店里，空空如也。

北京人过年，喜欢走亲戚看朋友，时鲜苹果是拜年时必备的礼物，有祝福人家"来年平平安安"的意思。那时没有现代的冷藏设备，秋天收获的苹果被放到冰窖里保存，而冰窖里用的是冬天从河里凿开的冰，这个工程费时费力，因而冬储苹果的工本费不低。1912年的旧历年，因为时局动荡，大家连年都不敢过，礼尚往来的拜年应酬就不约而同地取消了。鲜果店老板没有料到这个变化，他们按往年习惯早早进了时鲜苹果，等着卖高价呢，哪知道赶上这个局势，苹果就是贱卖也没人买，于是各鲜果店老板，在共和的第一个新年，做了笔亏本买卖。

在清帝退位前后这几天，对新事物感觉最为敏锐的报馆，在为一件看起来不重要的小事犯难：那就是如何在报纸上刊载日期呢？在有皇帝的日子里，这事儿很好办，纪年方式已经沿用了几千年，就是国号加年号再加上阴历的月份和日期，皇帝突然没了可怎么办？在北京编辑、出版的《顺天时报》，在日期的记载上就留下了这样慌乱的一笔：在刊发皇帝退位诏书的报纸上，印着清朝的纪年方式——"大清宣统三年十二月廿六日"，在第二天出版的报纸上，办报的老板匆忙把报首的日期改写做"大中华辛亥十二月廿七日"，用了"中华民国"的前

两个字眼代替原来
的国号"大清"，
用了天干地支的纪
年方法代替了皇帝
的年号；从腊月
二十八起直到旧历
年的大年初五，
《顺天时报》报馆
放假，除了在正月
初一出版了一份号
外之外，一直没

1912年2月23日（农历正月初六）的《顺天时报》

有出报纸，不知这几天报馆的老板在干些什么，反正到大年初六这一天，《顺天时报》的老板仍不知怎么处理紫禁城外有总统、紫禁城内有皇帝的局面，于是正月初六的报纸上还是印着"大中华壬子正月初六日"的字样，到了大年初七，日期的写法又变了，成了"大中华民国元年二月廿四日"，用的是新的国号和公历的纪年方法。

报纸上印制什么样的日期，令新闻界同仁大费周折，而另一件事情，则让全城人都踏实不下来，那就是在共和的国体之下，北京有可能失去一国之都的地位。

1912年1月1日，中华民国临时政府在南京成立，2月13日，清帝退位次日，临时大总统孙中山宣布辞职。2月15日，经临时参议院选举通过，袁世凯成为中华民国临时大总统，应该到南京去就职。袁世凯本人，发家在北方、势力在北方，并不喜欢跑到南京去做官，但是，2月27日，南京临时政府迎接他南下的使团到了北京，看样子袁世凯不走是不行了。

为了迎接南京来的代表，正阳门北边的"国门"——大清门被改称"中华门"，以示和清王朝的决裂。只是大清门上的匾额，来不及更换，只好仍旧挂

天安门城楼上悬挂着"庆祝中华民国临时政府成立"的横幅

曾经坐落在天安门与正阳门之间的大清门

着，谁也看不出和前朝有什么区别。北京的商铺则都挂起了五色国旗，胡同里的院门口也挂上了五色旗，不过有些老百姓家境贫寒，买不起布制的国旗，就用五色纸做成了国旗，虽然看着不那么雅观，可是代表着老百姓欢迎共和的诚意。

袁世凯公开答应要跟随南京来使离开北京，使团成员蔡元培等人认为自己定能不辱使命。谁知，北京城里很快就发生了一场变故，让南京来的使团成员不得不改变了自己的主张。2月29日，也就是正月十二的晚上，几位特使参加的晚宴刚要开始，窗外就响起了零星的枪声，接着是四处的火光，火中夹杂着叫喊声："宫保要走了，我们没人管了，抢啊！""宫保"说的就是袁世凯，听上去，这些放火开枪的都是袁世凯手下的士兵。《泰晤士报》资深驻华记者、澳大利亚人莫理循，当时正住在北京王府井的一条胡同里，他亲身经历了这个事件："街道西边我住所北侧的大杂院着火了，整个街道布满了士兵，而所有的警察

南京临时政府迎袁使团合影

都不见踪影……到处都是呼啸的子弹，但似乎没有人受伤。后来，我们才明白开枪只是为了恫吓而已。"

　　士兵们放的大火，很快就吞噬了东安商场一带的商铺、戏馆和饭馆，并直接把皇城的东安门给烧了个精光。东安门外的商业设施刚刚兴办没有几年。从清帝入主北京开始，在长达三百年的时间里，北京城实行满汉分治。内城一带，按不同方位，驻扎着八旗官兵和他们的家属以及满族籍的王公贵族，汉族人则统统住在正阳门外的外城地区，所有的商业娱乐设施、甚至连同旅馆业等，都只能在外城开办。《辛丑条约》签订以后，清政府的管理能力和威信日益衰落，内外城之禁也就日渐松弛，东安门外的东安市场等商业设施就是在这样的背景下逐渐发展起来。可这生意做了没几年，就被当兵的一把大火烧了个精光。前门外的店铺虽然没有像十二年前一样，被大火烧了，可是也没能逃脱被抢的命运，绸缎庄首当其冲。他们刚刚从东交民巷把自己保存在那里的货品拿回店里，准备给顾客做春装挣点钱，谁知布料摆在店里没几天，就赶上了这次兵变，贵重布匹多数被抢了去，于是各店又赶紧把剩下的一点料子装上车，运回东交民巷。碰上这样的世道，做买卖的人能保住性命已属万幸，就别指望着挣钱了。

有人这样描述兵变发生时北京的情景："变兵四起各处焚掠日有所闻商民愁的要死；八旗素日贫苦无米无饷旗下老哥们饿的要死；变兵既得饱掠金银满载得意还乡乐的要死；亲贵富翁藏无可藏避无可避当时吓的要死；各部院官吏津贴既停领告贷又无门穷的要死。"

当时正要去拜访蔡元培的齐如山先生，则目睹了这场滑稽的兵变经过。刚从法国回来的齐如山，那晚正好穿了一身西服。当时，北京城里很少有中国人穿西服，那些参加哄抢的士兵，就把齐如山当做了会说中国话的外国人。当兵的抢来了东西，就请齐如山鉴定一下价值。有的士兵从冥衣铺抢来了所谓的书法作品，经齐如山

南京临时政府迎袁使团成员蔡元培

迎袁使团下榻的六国饭店

鉴定为是办丧事用的挽联，就大呼倒霉，扔掉挽联去别的店铺抢值钱的东西。第二天早晨，齐如山放心不下老朋友蔡元培，去他们下榻的六国饭店探望，没想到在街上碰到了狼狈不堪的蔡元培等人，原来这几位特使昨夜被迫从吃饭的地方逃出来，躲在皇城根儿底下熬了一夜。蔡元培对齐如山讲："一切计划，都成过去

了。"于是，以北方局势不稳为名，袁世凯留在了北京。弥漫在壬子年最初几日关于何处定都的争执，至此告一段落，民国临时政府从南京迁往北京。

1912年3月10日，昔日帝王登基的庆典之地——太和殿，悬挂上了中华民国的国旗——五色旗，袁世凯在这里宣誓就任中华民国临时大总统。莫理循目睹了袁世凯宣誓就职的全过程："所有的与会代表都身穿礼服，赞礼官宣布就职典礼开始，袁世凯入场，像鸭子一样摇摇晃晃走向主席台，他体态臃肿且有病容，他身穿元帅服，但领口松开，肥胖的脖子耷拉在领口上，帽子偏大，神态紧张，表情很不自然……不再有磕头之礼，袁世凯与所有代表一一握手，不再有辫子……"

从当时的图片上可以看到，与会代表身上的礼服并没有统一的样式。关于新国家应该使用什么样的礼服，意见纷纭，有人主张立西服为国服，表现新国家新气象，有人则主张用丝绸做礼服，理由是这样可以保护中国的民族产业——丝绸业。袁世凯等人觉得礼服一事事关重大，因此决定等临时参议院成立后，再商讨此事。所以，在他的总统就职典礼上，没有统一的制服样式。

袁世凯就任中华民国临时大总统时与各国使节合影

当春风一天天强劲，北京城开始感受到一个新国家的活力。

3月初，原本没有悬挂五色国旗的各城门，纷纷挂上了象征共和的新国旗。

3月8日，兵变中被乱兵剪断的电话线和电灯线，被修整连接，北京城的电话和电灯恢复正常。

3月16日，新政府重申要严禁鸦片，对贩卖、出售和吸食鸦片的人重罚。

4月1日，袁世凯将旧日象坊桥资政院的地址，改做了北京参议院会场，等待各省参议员到京后召开参议院会议，商讨国是。

4月2日，《顺天时报》在第二版的显著位置，刊发了"论女子参政之可否"

京师大学堂（北京大学前身）师生合影

的社论，对妇女参政问题进行讨论。

4月4日，国务各总长提议要将旧日官僚裁撤，改聘留学归国或在新学堂接受新教育的毕业人员充任政府各部门官员。

严复——北京大学首任校长

5月初，戊戌变法的产物——京师大学堂，改名为北京大学校，原大学堂总监督的官职，被更具现代气息的"大学校校长"所代替，而"分科大学监督"则被改称为"分科大学学长"。充满封建官僚味道的旧名称被一一革除，仅仅是一系列改革的开始，这座国内最早建成的国立大学，正在逐渐摆脱封建官办学堂的陋习，向着一个全新的、现代意义上的综合大学迈进。

关于学校教育的新章程则不停刊发，提倡鼓励兴办小学以普及教育，又对学生毕业成绩进行了统一规定，毕业成绩分为甲乙丙丁四等，丁为不及格，两次毕业成绩为丁者，令该生退学，希望借此提高学校的教学质量。为了摘掉"东亚病夫"的帽子，教育部严令京师各学校重视体育锻炼，按照政府的规定，开设体操课，并督促学生按要求操练。对现代科学技术的学习，成为当时教育的一个重点，北京的小学校里不仅开设了算术课程，高小的学生还要学习相关的理科知识、史地知识。大部分小学校还开设了英文课程，保守的人虽然认为从小学英文会搅乱人的脑筋，可对孩子们从小就接受现代西方式教育则举双手赞成。人们把对国家的希望寄托在孩子身上，希望这个万象更新的子年，能够培养出具有新风貌的中国人，借此缩短和现代文明的距离，使整个民族从落后挨打的耻辱中彻底解放出来，走向富强和幸福。

仿效西方的司法体系也建立起来。律师需持职业资格证书，不是法律专科学校毕业的人不允许从事律师工作；司法部门工作的其他人员也要经过现代司法理论考试，考试不合格者一律被裁撤；而高等及地方审判厅则宣布公开审理案件，老百姓可以自愿旁听审判过程，并将欢迎老百姓旁听的告示贴在了审判厅的大门口。

　　盛夏时，有的人力车夫图凉快，会脱光了膀子在街上跑。市政府认为此举是不文明的陋习，要求全体人力车夫工作时必须穿上号坎儿。

　　当时北京贫困人口很多，尤其是城南一带。政府就在外城收容贫民组成了清道队，每天清理街道，确保市容环境的整齐清洁。后来又组建了一支沟工队，将北京外城各区内的地沟逐一挖开，把堵在下水道里的垃圾等物清除出来，人民的生活环境得到改善。

　　在设兵巡防查禁鸦片的同时，社会上也开始劝诫老百姓戒除纸烟。政府从国家经济建设的角度考虑，认为由于中国人吸纸烟，钱就被外国的纸烟厂商赚走了，而当时中国的关税完全不能自主，这样下去势必会影响本国经济发展，因此希望国民戒烟。社会上的有识之士则出于对民族体魄的考虑，认为纸烟之害不亚于鸦片，说吸纸烟会伤害人的头部，所以由民间发起，在京师成立了戒烟会，并拟订戒烟章程若干条，上报内务部申请备案。

1912年时的鲁迅

　　袁世凯宣誓就任总统后，南京的政府机关及其工作人员纷纷北上。这中间，就有当时在教育部工作的周树人。1912年

5月5日，当斯德哥尔摩运动会启动的第一天，年轻的周树人从正阳门火车站走出来，第一次踏上了北京的土地，并将在这里第一次使用他的笔名——鲁迅，开始他拯救民族灵魂的文学之路，成为几代中国人的精神导师。在那段时间，阳光下闪耀着光泽的正阳门车站钟楼，目睹了太多像鲁迅一样，年轻又活跃的思想者。他们的新思想、新观念，宛如一股清新的风，为这个古老的帝王之都带来了新鲜的空气，而北京则在集纳了中国知识分子的思想精粹后，成为新思潮的源泉和集散地，发动了一次又一次反对封建专制和列强侵略的思想革命，成为20世纪上半叶最嘹亮的呼声之一，辐射全国、激荡人心。

在新政府机关纷纷落户北京的过程中，原来以八旗官兵和满洲贵族为主要居民的内城，人口结构发生了深刻的变化。八旗制度彻底消失，八旗人士因为各种原因迁往他乡，汉族人口的数量远远超过了满族人口数量。同时，西长安街一带出现了大量新的政府工作部门，商业娱乐设施也随之出现在西城一带，繁华的西长安街一带，开始和东安市场、前门大栅栏地区鼎足而立，成为京城商业布局中不可或缺的一个重要组成部分。

壬子夏末北京的气氛，因为一个人的到来而异常热烈起来，他就是被视为共和之父的孙中山。1912年8月24日，数万人云集前门火车站，等待瞻仰伟人的风采。孙中山在北京停留二十余天，为宣传民主共和理想而奔走，并对新的国家寄予希望："以我五大族人民既庶且富，又能使人人受教育，与列强各文明国，并驾齐驱，又有强兵以为之盾，十年后当可为世界第一强国。"

10月9日，"大清门"的匾额摘了下来，"中华门"三个崭新的大字使这座国门焕发了青春。中华门前，则设黄亭一座，末代皇帝的退位诏书悬挂其内，供老百姓观赏。10月10日国庆节当天，中华门前聚集了各界群众，庆祝中华民国第一个国庆节；袁世凯则在总统府举行了盛大的阅兵仪式，各国使节都受邀出席。

但是，刚刚由帝王之都变为中华民国首都的北京，由于肩负着屈辱与落后的历史包袱，在迈向现代文明的进程中难免步履蹒跚。

中华门

　　7月22日，到北京不久的鲁迅，和友人一道为中华民国首任教育总长蔡元培钱行。蔡元培主张现代的教育理念，并提出在教育界废除祀孔读经的传统，社会上的守旧势力则群起而攻之，深感失望的蔡元培于7月10日辞去了教育总长一职。作为蔡元培志同道合的战友，鲁迅看到袁世凯政府拒绝接受蔡元培的主张之后，在日记中气愤地写道："此种豚犬，可怜可怜！"蔡元培离去之后，仍在教育部任职的鲁迅苦闷异常。

　　11月，关于女子能否参政的问题讨论了将近一年，不仅没有结果，新政府反而颁布法令，允许男人纳妾。娶小老婆的封建恶习在共和的旗帜下为现代法律所认可，无疑是对共和理想的一种嘲弄。两位同盟会的女会员立即拿出了实际行动：唐群英女士认为实现女子参政的目标，需要从提高女人学识入手，于是创办了女子白话旬刊，宣传女子教育问题；沈佩贞女士则在北京发起组织了妇女生计会，希望通过办实业，帮助妇女获得独立的经济地位，从而获得相应的社会地位。

参加社会活动的妇女行走在大街上

　　1912年7月20日，当第五届奥运会进入尾声的时候，顺治门（即宣武门）外，有人手持剪刀为大家义务剪辫，以响应新政府剪辫易服令，并当众宣称："愿剪发者，赠洋一元。"但并没有多少人买账，两天的工夫，才剪了三十多条辫子。民国政府一成立，临时大总统孙中山就颁布了一系列法令，改革旧习俗，限期剪辫便是其中的一项内容。于是，在旧势力强大的北京，男人们纷纷为自己的头发发起愁来。

　　8月，大理院的一名工作人员到财政部递公文，受到了冷遇，手里的文书被留下，人则被财政部的接待员哄了出去，因为他脑袋后面还拖着条辫子。大理院的这位办事员受了刺激，回去就把辫子剪了。一天，他又来财政部办事，财政部

那位接待人员见他把辫子剪了，态度转了180度，不仅请他到屋子里就坐，还端茶倒水，招待极为殷勤。另外一位剪了辫子的男士，却得到了截然不同的待遇。清国史馆的一位录事，人很新潮，不仅痛痛快快把辫子剪了，还穿上了西服。这一天，蒙皇帝召见，录事大人匆匆赶往紫禁城，一到门口就被守门人给拦下了，他急忙解释是奉了皇帝的旨意来的，哪知守门的说了："既剪发当为民国所重用，奈何不舍亡清区区之微禄。"旁边有人跟着起哄，录事大人只好灰溜溜掉头走了。

1912年，从美国留学归来、出任总统府秘书的顾维钧来到北京，记录了自己的观感："我到过许多国家的首都，北京在某些方面可谓与众不同。北京由紫禁城、东交民巷和民国首都三部分组成。首先，它当然是中华民国政府所在地，总统、内阁和政府各部门在这里治理国家，为全国各省制定法律和向全国颁布法

民国元年国庆日交通部官员合影

令。同时，在北京的中心还保留着在废帝宣统管辖之下的紫禁城，城内仍沿用皇帝年号的历法，按照官方公布的全国通用历法，1912年是民国元年，而在紫禁城内却称为宣统四年。东交民巷内的行政管理、交通规则完全由外交团掌握。它有自己的警察，北京的警察未经允许不得入内。逃至东交民巷的中国罪犯，中国警察未经东交民巷警察当局许可不得入内拘捕。"

溥仪的老师——英国人庄士敦则这样记述自己初进紫禁城的感受："当我跨过神武门进入紫禁城的时候，我意识到我已经从共和制回到了古老的君主制。一个是刚刚成立的民国政府，一个是世界上最古老的封建王朝，时间和空间就这样奇异地被撕裂开。""有虚名的皇帝和有实权的大总统比邻而居，这种有趣的现象恐怕在全球历史上也不多见，但在中国却存在了13年之久。"

壬子年年底，有人感慨于国家进步的缓慢，为北京写下这样的城市素描："北方的人顶着豚尾在街上看着还是横占大多数；通衢大路乞儿载道逢人便讨哀怜之声不绝于耳；亡清各满族的赢眷还是奔拉翘厚底靴坐着咧呀咧的大马车靦颜不止；共和政体官吏是公仆近来各告示还用专制压力的官样文章。"

但是，那毕竟是一个新生国家的开端，即使在严寒的冬季，也能传递出春的信息。

1913年1月1日，在中华民国庆祝第二个公历新年的时候，天安门前的长安左门和长安右门同时打开，昔日只有皇亲国戚和文武官员才能出入的禁地，从此成为老百姓自由出入的场所。

曾坐落在天安门西南侧的长安右门

曾坐落在天安门东南侧的长安左门

　　1913年1月24日的下午，北京城古老的胡同沐浴在冬日的余晖中，东城府学胡同公立第二十八小学的校园里，走出一队队放学回家的孩子，他们穿着整齐的校服，不苟言笑、秩序井然，分手时则互相鞠躬告辞。街头的行人，无不停下匆忙的脚步，欣赏着自己不曾有过的如此健康如此新鲜的童年。也许，古老的北京将像这些新生的力量一样，很快焕发出青春的光彩，这是那个冬天的北京留给人们的记忆和希望。

1924年

（农历甲子年）

动荡的城

1924年奥运会宣传画

　　1924年，中国农历甲子年，经过一个十二年的轮回，人类社会从第一次世界大战的阴影中挣脱出来，继续前行，奥林匹克盛会也从十二年前的瑞典首都斯德哥尔摩一路颠簸，于这个子年再度来到法国首都巴黎。巴黎人在战胜种种困难后，举办了一届规模更为盛大的奥运会。奥林匹克的格言——"更快、更高、更强"，正是通过这届奥运会而唱响全球。而中国的三名网球运动员则首次亮相奥运会，当他们置身于"更快、更高、更强"的赛场氛围时，他们背后的祖国都城北京在经历着什么样的磨难呢？

　　上个子年推翻帝制、走向共和的清新气象，已经因军阀连年混战而荡然无存，国家分裂、民不聊生，北京则残破不堪、了无生气。1923年7月，借口北京政府法律废弛、财政紊乱、地方势力割据、盗匪横行，各国驻北京外交团竟商议由国际共管中国，此言论一出，举国震惊。甲子年的北京，在黑暗中摸索着通向光明的出路；甲子年的中国，在绝望中寻找着重生的希望。

1924年2月4日，是旧历甲子新年的除夕，《顺天时报》发表了一篇除夕感言，对六十一轮回的甲子年进行了一番回顾："屈指六十年前的甲子年，就是前清同治三年，当时正在长发余党作乱之际，国家元气大为沮丧，外患亦从此日盛一日。民国成立，遂由专制政体变为共和政体，气象为之一新，宛似国家的气运转过了一般。不料项城秉国，帝王思想又起，以致西南起义，干戈频仍，群雄割据，到今天还是南归南北归北，不知何时方能统一。照以上看过去，六十年间的国运简直是一步恶运。"

甲子年的正月初一，公历2月5日，在北京生活的几个外国人格外开心，因为他们获准在这一天进入神秘的紫禁城，参加宫廷里的元旦盛典，而向皇帝溥仪举荐这些外国人的，正是他的外国老师——庄士敦。

在庄士敦看来，正月初一举行的元旦盛典是这个小朝廷每年最重要的两个庆典之一。获准进入紫禁城的，有一位伦敦《每日电讯报》的记者波斯富·兰敦先生，那一天的典礼给他留下了这样的印象："在整个紫禁城辉煌宫殿的映衬下，在漫天弥漫的音乐声中，我却感受不到丝毫的欢愉，战争为整个中国带来了动

溥仪、润麒、溥杰、庄士敦在御花园（从右至左）

乱，而居于政治中心的紫禁城想要长久保持住这份安宁简直是不可能的。在黑暗的日子即将到来前，我有一种感觉——这将是紫禁城最后的辉煌了。"历史果真被这个外国记者言中了，这是末代皇帝溥仪最后一次在紫禁城里庆祝旧历新年，战争的阴云在这一年的夏末，重新笼罩了北京这座古城。

大年初一头一天，北京城里的生意人没有几个不唉声叹气的。旧时做买卖可以赊账，到年底一块儿算。可是从阴历腊月二十起，各店家就开始和主顾们结账，一直到除夕，很多店家收回来的欠款不及两成半，因为多数机关几个月没发薪水，大家没钱还账。

没钱还账，就更没钱买新东西。厂甸庙会上做小买卖的摊主，则个个"愁眉泪眼"。大年初一，天格外冷，来逛庙会的人少；第二天，雪花纷纷，来的人更少；好不容易盼到第三天，雪停了，结果道路泥泞，还是没什么人来；等到第四天又是雪花；第五天则刮起了大风，人更稀少。本打算趁着过年在庙会上挣几个钱的小商贩没了办法，来这里做小买卖的，多数是靠借高利贷来租摊位、添货品，回去可怎么交代？

正值隆冬，寒风呼啸间，北京街头的乞丐比往年多了几倍。往年北京城有不少人做善事，一到冬季就开粥厂、施舍棉衣、接济乞丐和赤贫家庭。这一年，上自政府下到一般百姓，收入锐减，办善事的人少了，街上冻死饿死的人比往年多了许多。

与十二年前的壬子年相比，北京的城市轮廓发生了很大变化。内城和紫禁城之间的皇城城墙，被拆了三面，南皇城城墙开辟了两个拱形券门，连通两条南北走向的街道：南长街和南池子。天安门东西两侧的长安左右门被打开了，在它们之间形成了一条贯通北京东西城的街道，也就是今天长安街的前身。前清时代的官署——中华门内的东西千步廊，早在1914年已经被拆除，天安门和中华门前出现了一个天然的广场，常有游行请愿的队伍出现在这里。据说，当局发现天安门前的这个空场有了这样一个功效后，曾在此摆放盆花等装饰物占据空间，希望以

南池子大街南口

天安门前的金水桥和千步廊

此减少广场对游行集会的吸引力，然而收效甚微。1919年的五四运动就是在这里发生并蔓延到全国的。俄国十月革命后，李大钊曾在这里向青年们发出了伟大的预言："试看将来的环球，必是赤旗的世界。"20年代时局动荡，这里更是活跃的民众不断。

北京内城城墙此时仍然保留着自己的轮廓，它们不动声色地站立在北方辽阔的苍穹下已经将近600年，如今，却和最现代化的铁路比邻而居。此时的北京，拥有了一条环城铁路，火车的汽笛在这些城门下鸣响，这标志着北京已成为全国一个重要的铁路交通枢纽。

然而城市面孔的这些变化，多半发生在民国初期的几年，1924年的北京城，早已没有能力进行什么城市建设了。

甲子年的正月还没有过完，报纸上就出现了这样的标题："做官为生者之末路"。国务院制定了裁员标准，管理国家钱袋子的财政部则在酝酿着二次裁员，而它三个月前刚辞退了一批人。京师二十个区的警察，已经有五六个月没有领到警饷，不但警察无力养家，警局食堂里也已经有过几次断炊的危险，政府连这点伙食费都拨不下来，各区警署只能自己想办法，出售辖区境内的空地，以维持日常办公支出。

北京永定门警察所的警察

环城铁路

内务部因为办公费用无着落，已经想尽了办法，能卖的都卖了，政府的财政拨款还是遥遥无期。一进入甲子年，内务部便派人去丈量前清贡院的围墙，准备公开出售。根据丈量数据，东、西、北三面围墙共计304丈，因砖大且厚、质量上佳，于是定价每丈墙不低于15元出售，东南和西南墙角系碎砖垒成，定价便宜，每丈6元。这个明清两代全国最高级别的科举考试场所，无数学子在此以笔墨证明自己的才气、并进而出人头地的地方，哪能料到会因为自己的围墙而受到民国政府的器重！

北京贡院

财政部则在裁员之余，寻找政府银根吃紧的原因，认定十年前财政部从户部街搬到西长安街的决定是个错误，因为现在的办公地点风水不好，"散而不聚，已非积财之象，加以东边过空，穷象益露"。要想解决财政紧张问题，就应该把财政部迁回户部街。连续三任财政部长均有此"重大发现"，并屡屡向政府提出搬迁的建议。

财政的吃紧，当然不是因为风水不好。英国人庄士敦1919年来到北京担任溥仪的老师，他对上世纪20年代的中国有这样的认识："中华民国自成立以来，一直是名存实亡。军阀轮流把持着北京政府，为了谋取个人利益，他们常年内战，根本不顾民众死活。政局十分不稳定，全中国人民都陷入极端的恐慌中。"此时率部进驻北京南苑的陆军检阅使冯玉祥则写下了这样的感受："和北京当政的大人先生们往还久了，使人更进一层认识了他们的面目。他们三五个聚会一块，多无一言涉及国计民生。大家嘻嘻哈哈、兴高采烈地谈着的，不是昨晚打牌输赢了多少，明晚梅兰芳的什么戏牌，便是某某女戏子怎样风骚，谁家姨太太怎样标致，再不，就是商议着如何卖官地、典公物以及拆城墙、卖砖瓦一类的勾当。使人只见

大清门东侧的户部街

目前漆黑一团简直闷得透不过气来。"这样的政府，如何能治理好国家？

1924年的第八届奥运会，引起了中国人的注意。早在1911年，国际奥委会就已开始注意到中国。1922年，王正廷又被选为国际奥委会委员，这是奥运史上第一个来自中国的国际奥委会委员。在和奥运会建立了诸多联系之后，不派人参加

第八届奥运会好像有点说不过去。1924年2月，报上登出了这样的消息，北京政府决定派选手参加当时被称为"万国运动会"的奥运会，因为资金紧张，政府决定仅选派几位网球队员参加奥运会。但是，当巴黎奥运会开幕时，政府似乎还没有凑出这笔钱来，开幕式上并没有看到中国代表团的身影。不过，有三位中国选手自行参加了本届奥运会的网球比赛，也许是自己出资成行的吧，北京的报刊对此并没有多少报道。虽然这几位网球运动员在预赛阶段就被淘汰出局，但这毕竟是中国人在奥运赛场上的第一次亮相。

7月17日，巴黎奥运会在一片赞扬声中闭幕，这一天的北京则在久雨的盛夏，一片险情。"交通破坏，房屋多坍……粮价已飞涨，东城电话全坏或占线不通，电灯之出火者到处多有……至小民房屋，则坍毁尤多，近畿灾民蜂拥而来。"这一天，有市民代表上街请愿并上书国会，反对政府关于向老百姓和商家征收警税的计划，希望政府能够认真执行财政预算，向警察按期发放警饷，不要再把危机转嫁到老百姓头上。

1924年9月13日晚，黑云压境、星月黯然，夜色下的北京城，一片沉寂。这一天是中秋节，按照民间的习俗，当晚应该家人团聚、对月共饮，然而，中秋节发生的太多事情，让这一晚的北京人没了这份雅兴。

8月份，在各机关、学校依旧发不出薪水、不断裁员的情形下，北京爆发了金融危机，铜圆价格忽上忽下，政府公债忽然暴跌，北京的证券交易所8月26日宣布暂时停市，各大银行门前则纷纷出现了挤兑的人群。8月27日当天，有两家小银号宣布倒闭；9月4日，有多家银行停止兑现，更加重了人们的恐慌。

祸不单行。8月份，战争的危险也临近北京。9月3日，江浙战争爆发，两派军阀兵戎相见，上海与北京之间的邮政往来彻底中断；奉系军阀张作霖的军队已经向山海关一带靠拢，直系军阀的代表人物吴佩孚则在北京备好刀枪，向山海关开拔；北京东部的通州地区，商铺纷纷关闭，曹锟已经指挥手下在通州一带布好炸药，准备与张作霖决一死战。中秋节前日，京奉铁路中断，张作霖扣押火车，运

张作霖（中坐者）

送军队到前线。一场大战一触即发。

于是，中秋之夜，有人写下了这样的句子："月到中秋分外光此次分外黑，岂非天公愁中国之内乱乎，抑亦大祸将降之兆乎？此吾人不得不为国家忧虑。"

当口袋里拿不出钱来为孩子买回果腹的粮食，当战争的炮火即将打碎四合院的宁静，北京的仁人志士忧虑的，却是国家的前途、社会的前途。连年战乱、经济凋敝，做了民国十二年首都的北京，此时已经喂不饱肚子，却一直未敢舍弃以天下为己任的传统，仍然为国家寻找出路。这里是以民主、科学为旗帜的新文化运动的发祥地，也是中国最早最全面介绍马克思主义理论的阵地之一，在中国成立共产党组织的构想，也是在这里萌发出来的。在新旧思潮的激烈交锋中，最古老的都城产生着最先进最革命的思想，北京就在这种碰撞中痛苦着、成长着。

1924年3月的一天，西城太仆寺罗圈胡同的一个大宅子里，发出一声惊呼，女儿离家出走了。一对夫妇在女儿书房里发现了这样一张信笺："专制……顽

北京贝满女中的学生队伍

固……人何以堪，突遭重责，尤觉今生无趣，自誓不返，剪发为尼……"写下这段文字的是个女学生，叫做佩秋，刚与父亲发生了冲突。佩秋平时常向各报刊杂志投稿，参与社会问题的讨论，她的父亲对此并不知情。这一天，做父亲的无意间看到女儿在杂志上发表的主张妇女解放的文章，立时怒不可遏，大骂女儿不守闺训、败坏家风。于是，佩秋离家出走了，父母焦急地四处寻找。

从对当时电影的评论中，我们也能感受到新旧思潮的冲突。设备最先进、装潢最现代的真光电影院，是那时年轻人喜欢光顾的地方。这一年3月，真光电影院选择前一阵最受观众欢迎的电影《赖婚》重新放映，仍然观者如潮。《顺天时报》这样分析该电影受欢迎的原因："该片探讨社交公开、婚姻选择、两性恋爱、法律道德诸端，均为当今急待解决之急要问题。"而几乎在同一时期，平安电影院正在上演另一部反映新女性婚恋观的电影《自由女忍痛青丝学自由》，在电影院刊登的广告上，则有这样两行注释："误解自由几乎失身丧节，奉劝女士保誉行藏自珍"。

1924年的新女性

　　庄士敦对上世纪20年代的北京这样描述："北京城中有上百万的人口，他们都在努力着要把中国建成一个崭新的社会。""这个城市的教育水平，在当时的中国是首屈一指的。它有一所非常棒的大学，成千上万的莘莘学子在孜孜不倦地学习科学文化知识，他们学习外语和马克思主义，用以批判传统文化中腐朽没落的部分。"

　　1924年1月21日，列宁逝世，北京石驸马胡同的一个四合院里，立刻聚拢了几个年轻人，商议在北京举行追悼列宁的仪式。2月3日，在政法大学第十教室里，京城男女600多人济济一堂，向列宁遗像行礼。由于李大钊等人对俄国革命的宣传，列宁的名字早已为北京的青年人所熟知。3月，北京大学公布了一项民意调查，参与调查的各界人士中，认为俄国是中国之友的占到了59%。俄国十月革命的成功和李大钊等人对俄国革命的宣传，为黑暗中的北京带来了新生的希望。而此时北京已经出现了中国共产党组织，共产党领导下的群众运动也已开展起来。北京大学教授、热情宣传马克思主义的李大钊，此时已经是中国共产党北方支部的负责人，他任主任的北京大学图书馆，成了团结进步学生、追求革命真理的前沿阵地。

1924年1月，国民党第一次全国代表大会在广州召开，孙中山提出联俄、联共、扶助农工三大政策，并着手进行北伐革命。1924年初，不断有青年学生辍学，到广东参加革命军，北京的保守势力则将广州的革命势力污蔑为"青年学生的魔星"。张国焘记录了北京青年对时局的看法："我的朋友们，对北京政局确是厌恶已极，不管已否加入国民党，多表示曹锟闹得太不像话了，无论如何，国民党和孙中山总要比北方这一群败类好些。"

李大钊

5月，北京军警当局拟订了一张即将逮捕100多人的黑名单，第二名是李大钊，第三名是张国焘，他们当时都是共产党员。5月21日被捕入狱的张国焘记录了当时的情形："李大钊向我说明北京当局将大捕革命党人的事，是不可避免的。由于国共两党活动的扩张，反对曹锟贿选，以及打击整个北京政府的言论和行动，早为当局所嫉视。北京的民众运动、铁路工人过去的罢工和现在的活跃，都被认为是我们这些人干的。于是，大捕革命党人的行动就如箭在弦了。"

二十三年前的9月7日，作为庚子年八国联军入侵北京的成果，11个西方列强国家，强迫清政府签订了丧权辱国的《辛丑条约》，这一天被人们视为"国耻日"。1924年8月，北京学生联合会号召各大中院校学生，于9月7日在天安门前集会，呼吁政府废除与列强签订的不平等条约。学生们商定了统一的标语口号和宣传单，规定了游行路线和集合地点，准备用这样一个游行示威活动，"激愤国民之自振心"。当局闻知，大为恐慌，采取严厉措施，取消了学生的游行聚会。但9月7日这天，学生们仍然走上街头，散发传单、向老百姓进行宣传。岗哨严密、中国人不得随便出入的东交民巷，也出现了英文传单，向列强宣告："中国不能再忍耐帝国主义各国之积暴与凌辱。"

遗憾的是，当权者此时的心中，哪有这些家国之恨？大总统曹锟想到的，只是如何用武力战胜自己的老对头——张作霖。9月16日，即将开战的两军统帅吴佩孚和张作霖，不约而同地找大仙算了一卦，吴得了一支上上签，将大胜，张作霖得一卦，却也并非大败的凶卦。两军对垒有人大胜却无人大败，人们百思不得其解，而答案即将公布，没有参加抽签的大总统曹锟却不幸中了下下签。

曹锟

当曹锟忙着四处搜刮银两备战张作霖时，有一双愤怒的眼睛在冷冷注视着总统府。曹锟手下的大将、驻扎在北京南苑的冯玉祥，此时也在思索着中国该往何处去的问题。大战即将爆发，军队即将奔赴前线，冯玉祥的部下，却在忍受着缺粮缺饷缺弹药的困扰。而比物资短缺更令冯玉祥气愤的，是渗透在政府各个环节的贪污腐败。

在紧锣密鼓准备和张作霖打仗的时候，冯玉祥得到曹锟的恩准，可以领枪支弹药了，可冯玉祥的手下去军火库领枪时，几次三番领不出来。冯玉祥急得冒火，旁边有人给他出了个主意，让他凑十万元钱去行贿。

1924年时的冯玉祥

冯玉祥这样描述当时的情形："十万元凑齐了，下午四点钟送钱去的人回来。当日六点钟便接到李六的电话，叫派人领器械弹药去。我在隔室听着电话，恨得我牙齿咬得格格响。第二天曹锟在居仁堂召集会议，我到的时候，别人都还未到。曹见了我，笑嘻嘻地从台阶上迎了下来，说：'焕章，你这么苦，还给我送钱，我实在太过意不去了。'我才知道得钱的不只李六一人，这混账总统也得了。大总统左右全是这类狐群狗党，公开地大干卑鄙龌龊的勾当，而恬不知耻。"

冯玉祥愤怒了，这样的政府，如何救民于水火？然而出路又在何方？

10月份，曹锟和张作霖正式开战，吴佩孚的军队一马当先，杀奔山海关，冯玉祥则被派往古北口。冯玉祥出了北京城，并没有大步流星地往前开拔，而是驻扎在一个地方就不动了，他另有计划。冯玉祥和两个同盟会的老会员——孙中山的追随者结成了同盟，而这两个人则被曹锟任命为主管北京警卫工作的负责人。当冯玉祥离开北京的时候，他知道，北京的城门是随时向他敞开的。

冯玉祥发动北京政变时，庄士敦仍然担任着溥仪的老师，他见证了如下的历史："兵变发生的那天，我清楚地记得是10月23日清晨。当时我刚刚起床，一个仆人慌慌张张地跑进来告诉我，北京城发生了兵变。听完这话，我的第一个反应就是给皇上打电话，但是拨了几次也没有拨通。当时北京城内的情况相当混乱，大街上熙熙攘攘，人们忙着囤积粮食。那些有钱人则忙着把家眷转入使馆区避难。严格说来，那次北京事变不能算是兵变，冯玉祥十分聪明，在没有大动干戈的情况下，就达到了政治目的。"冯玉祥的军队在那天夜里，迅速占领了交通、通信要地，将曹锟囚禁起来。政变发动成功后，冯玉祥立刻发电请孙中山北上，正在天津当寓公的段祺瑞也接到邀请，来北京主持政府的日常工作。

段祺瑞

共和的旗帜下还保留着一个小朝廷，这在冯玉祥看来是不能容忍的："在中华民国的领土内，甚至在中华民国的首都所在地，竟然还存在着一个废清皇帝的小朝廷，这不仅是中华民国的耻辱，且是中外野心家时刻企图利用的祸根。"于是，冯玉祥在兵变成功后，就派部下鹿钟麟去接管紫禁城。

民国成立十二年来，军阀混战不断，虽然还没有人打破紫禁城的宁静，但溥仪早已有了不安的感觉："我比任何人都更能感到自己处境的危险……何况这时又有某些国会议员主张取消优待的传说。退一万步说，就算现状可以维持，又有谁知道，在瞬息万变的政局和此起彼伏的混战中，明天是什么样的军人上台，后天是什么样的政客组阁？"

清朝小朝廷内部也一直矛盾重重，溥仪说："紫禁城在表面是一片平静，内里的

鹿钟麟

秩序却是糟乱一团。从我懂事的时候起，就时常听说宫里发生盗窃、火警，以及行凶事件。"太监和内务府人员上下串通，盗卖宫内财产、贪污钱财。1923年6月，建福宫一把大火，使溥仪原定要抽查存放在该处财产的计划落空。溥仪认为这把大火是太监们为掩盖自己盗卖宝物真相而施放的，于是下令，将紫禁城内1500多名太监逐出宫去。"我也注意到了这个事实：有些贵族、显宦人家已经坐吃山空，日趋潦倒，甚至于什么世子王孙倒毙城门洞、郡主、命妇坠入烟花等等新闻已经出现在报纸社会栏内，而内务府人却开起了古玩店、票庄（钱庄）、当铺、木厂（营造业）等等大买卖。""在这个时期，我的生活更加荒唐，干了不少自相矛盾的事。比如我一面责怪

隆裕、溥仪等在建福宫

内务府开支太大，一面又挥霍无度。"在上自溥仪下至太监的共同参与下，溥仪的内务府开支，竟超过了西太后时内务府开支的最高记录。

兵变后一直有不祥预感的溥仪，11月5日这一天，等来了自己在紫禁城最后的日子。溥仪这样记录着那段经历："内务府大臣们突然跟跟跄跄地跑了进来。……'皇上，皇上……冯玉祥派了军队来了……说民国要废止优待条件，拿来这个叫，叫签字。'我一下子跳了起来，刚咬了一口的苹果滚到地上去了。""鹿〔钟麟〕和我握了握手，问我：'溥仪先生，你今后是还打算做皇帝，还是要当个平民？''我愿意从今天起就当个平民。'……张璧还说：'既是个公民，就有了选举权和被选举权，将来也可能被选做大总统呢！'一听大总统三个字，我心里特别不自在。……我要自由地按我自己的想法去实现我的理想——重新坐在我失掉的'宝座'上。"十年后，从紫禁城神武门出宫做平民的溥仪，出任"伪满洲国"皇帝，但是他再也没有真正地坐回皇帝的宝座上，只不过是充当了日本人侵略中国的傀儡。而紫禁城则在1925年初改名为故宫博物院，以五角一票的价格对公众开放。

北京政变之后，北京政府再易其主，临时执政段祺瑞成为实际上的总统，直奉大战也就此停火。但是北京城的局面，不仅没有改变，反而更糟。

甲子年的深冬，北风凛冽，北京街头的乞丐，用瑟瑟发抖的声音讨要着吃的。冻死饿死的人随处可见。寒风拍打着四合院的墙壁，一丝丝寒意渗透进来，而普通人家的炉子里，却常常无法透出暖和气儿，此时的北京城"煤大告缺乏，而煤价亦因而

被赶出皇宫的溥仪

飞涨"。社会上不太平，兵患匪患时有发生，运往北京的煤经常在半路上就被当兵的劫走扣押，很难运到北京来。而运到北京的煤，往往又被不法商贩囤积起来，好抬高价格出售，因而煤成了紧俏物资。北京城则市面冷清、商业萧条。北京政变发生后，各路军人云集北京，骗财索物，甚至抢劫杀人，社会秩序大乱，人民不堪其苦，军阀统治的恶果可见一斑。中国的出路在哪里？北京的出路又在哪里？

　　北京政变发生后，冯玉祥释放了监狱里的政治犯，张国焘因而出狱，他记录了段祺瑞当政后的时局："段氏上台后，表示外崇国信，尊重对外条约，以期获得外交团的承认，并于十二月二日制订以军阀官僚为主体的善后会议条例。这与孙中山北上宣言中所主张召集的以人民团体代表为主体的国民会议，以及废除不平等条约之精神背道而驰。"

　　12月31日，10万人经过天安门前的空场，来到前门火车站迎接孙中山，人们把改变政局的希望寄托在这位共和之父身上。但是，欢迎的人群不曾想到，此时

孙中山灵堂

的孙中山已经病入膏肓，他正在用自己最后的力量，继续他反封建反帝国主义的斗争。1925年3月，当农历甲子年刚刚过去，这位伟人在北京辞世，在这个既是封建势力云集又是新思想不断萌动的地方，孙中山留下了这样的遗言："革命尚未成功，同志仍须努力。"

1924年年底，寒风萧瑟的北京街头，有轨电车第一次开通，它从前门出发，开往西直门，为北京带来些许现代化的气息。电车旁则游走着各类为生计奔波的

有轨电车通车

人们，衣衫褴褛的卖报生和乞丐争着吸引过路人的注意。这是那个甲子年年尾北京城内的一个街景，而国家的富强，则仍然遥不可期。

1936年

（农历丙子年）

危难的城

1936年奥运会宣传画

1936年，中国农历丙子年，第十一届奥运会在德国柏林举行，奥林匹克的圣火第一次在奥运会的主会场上点燃，从此成为各届奥运会的经典仪式，传承至今。然而，这象征和平与友谊的圣洁光芒，并未驱散人们心头的阴影，国际性经济危机所引发的深刻的社会矛盾，正演变为一触即发、蔓延全球的战争。法西斯德国将本届柏林奥运会笼罩在纳粹党旗之下，中国政府虽然第一次拨款组团参加奥运会，但忧心忡忡的中国政府更担心的，是濒临日本侵略者虎口边上的北平城，中日战争一触即发，北平城处于风雨飘摇中。

1936年1月23日，是旧历丙子年的除夕。下午五时起，从中华门外，一直到前门箭楼外的大街上，摆满了各种货摊，游人如织，异常拥挤，小商贩们这一晚收入颇丰。晚上七时半，浓阴连日的北京，开始细雪飘扬，人们的游兴更浓，因为除夕夜天降瑞雪，是个好兆头，来年的北京应当风调雨顺、五谷丰登。

丙子年的正月初一，就是在雪花飞舞中到来的。这一天，十一年前刚刚向老百姓开放的紫禁城，照常打开了大门。为庆祝春节，更名为故宫博物院的紫禁城，这一天减免了票价。大年初一皇帝举行庆典所使用的太和殿，在今天仍然热闹，不过出现在这里的不再是皇帝和文武百官，而是最普通的老百姓。这一天，他们只要花上二十枚铜子儿，就可以自由出入紫禁城里最壮观的建筑——太和殿。

　　紫禁城外，天安门前的空场上，堆满了民国以来因市政施工而从各处拆下来的瓦砾和破旧木料，有人提议在1936年把这里改建成儿童游乐场，添建体育设施，让平民多一处休闲场所。刚刚目睹了"一二·九"和"一二·一六"学生游行的天安门，则在一片残雪的掩映下沉默着，等待着见证丙子北京所经历的风雨。

　　但是，旧历新年的瑞雪，似乎并没有给丙子北京带来更多的福气。2月底，大

20世纪30年代的西直门雪景

雪不断、天气苦寒，前后不到五天的工夫，《京报》报道相继有26人冻死街头；4、5月份，则是狂风大作、尘沙弥漫、气候骤寒，骡马市大街一家米店的铁皮屋顶被风卷下来，砸伤了两个路过的小学生，其中一个在头上缝了三十多针。春夏之际，北京又发生了大旱，京郊农村歉收，收上来的粮食不到往年的五成，阳台山、凤凰岭一带的农民，则要靠摘树叶、扒树皮解决一日三餐。

此时的北京，已经更名为北平，不再是一国的首都。1928年6月28日，国民政府北伐胜利之后，北京城失去了中国首都的地位，更名为北平，大批政府机构也随之或裁撤或南迁国都南京。告别了政客的喧嚣，北平城安静下来，成为北方、乃至全国最重要的文化中心。上个世纪30年代的北平，大学数量在全国名列前茅；北平图书馆则是当时全国藏书量最大的图书馆，该馆每天开馆时间长达八小时以上，读者可以在此阅读大量珍贵的典藏古籍和新出版的书刊报纸；全国当年出版日、晚报共375种，在北平编辑出版的就有48种，高居全国首位，北平的文化气氛，可见一斑。

上个世纪20年代末期，全球性的经济危机使西方国家陷入更深刻的社会矛盾中，中国却由于南北方实现短暂统一而得到快速发展。1927年到1936年，中国的年工业增长率高达8%以上。到1936年，中国工农业产值达到了近代以来的最高水平，其他各项现代化制度也都初具雏形。作为文化古都，北平虽然没有更多现代化的工厂出现，但城市面貌在发生着变化，现代文明的气息扑面而来。

1936年的北平人，生活方式可谓中西合璧。电影院里每天都有好莱坞电影放映，而一般的戏院里则上演着传统的京戏；西餐厅和中餐馆并立，汽车、电车和人力车在

20世纪30年代北平一家人合影

大街上同时穿梭；喜欢赶时髦的成年女性烫着从西方电影明星那里学来的发型、穿着显露身材的旗袍，男性们则在西装、中山装和长袍马褂的装扮下，做事、社交。公历新年和旧历新年，大家都去庆祝；3月8日，北平妇女各界庆祝国际三八妇女节；3月12日是国家规定的植树节，因为天气寒冷，这年北平的植树活动改在清明节举行，人们有组织地在街道两旁和公园里种植槐树；4月4日，孩子们庆祝了自己的节日——儿童节；传统的端午节、中秋节也都有相应的庆祝活动。有些市民家里，则多了个新鲜玩意儿——无线电匣子。

1936年，将自己定位为"文化旅游区"的北平，正在进行着文物整理工程，一些古迹得到修缮。而建设新北平的计划也陆续出台，扶持传统手工业成为振兴北平经济的第一步。1936年在北平实施的义务教育计划也初见成效，16000名9—12岁的贫困失学儿童重新回到教室。政府在春秋两季，为中小学生和7万市民进行免费的疫苗接种。1936年，北平的人均寿命达到35岁，远远超过全国平均寿命30岁的记录。

第一个深入延安并向西方世界报道红军情况的西方记者埃德加·斯诺，从1933年起一直在北平生活，斯诺夫人对当时的北平印象颇佳："北京在东方是以警备得最好的城市而闻名的。在有城垛的城门口，我们和宋哲元将军的士兵互相致意，他们用大刀和来复枪保卫着这座城市。这个城市有自来水、下水道、电灯和有轨电车，主要的街道是碎石铺成的。""从1933年

北京菜市场一瞥

至1937年，日本人占领北京之前，是我们外国人生活在天堂里的最后一段时光。
北京有点像社交贵夫人和知识贵族统治的古罗马。皇帝的京城变成了学生和学者
的天下。一些外国人用很低的租金租下了满族人的宫殿，生活得像是皇族。我们
在北京期间，每个月日常生活费用是50美元，而且生活得像王子一样。一个月伙
食费用20美元，包括正式规模的宴请。"

　　文化学者邓云乡先生曾经描述过上世纪30年代北平市民生活，在他的记忆
中，那时的北平城里，如果一个人没有沾上嫖赌抽的坏毛病，愿意找一个事由
做，愿意规规矩矩、踏踏实实地卖力气，哪怕是去拉人力车或是给人做老妈子，
都能挣出一家人的饭钱，过上个安稳日子。"同学哥哥在红庙北师附小做级任老
师，月薪七八十元，家里太太做饭，带小孩，还养读初一的弟弟，一家四口，住

1936年北平街头拉洋车的人群

在四间西式红砖北屋、一间东房的小独院中，安安静静、幽幽雅雅地过日子。卢沟桥的敌人炮火，击碎了他们的宁静生活。"

1936年，也许是20世纪上半叶北平距离现代化最近的一年，如果按照这个城市自身发展的轨迹，北平将可能以现代气息与历史文化底蕴相交织的独特形象，屹立在中国的北方。然而，1936年的北平，却是山雨欲来风满楼，黑云压城城欲摧。

美国中国问题专家费正清的妻子费慰梅女士这样概括当时的形势："一场民族悲剧正在逼近中国……已经征服满洲的日本军国主义者，正在向长城以南进犯……1934年他们强使南京政府同意把从北京到天津的长城以南地区规定为非军事区。他们在那里建立了一个中国傀儡政府。这一有限的'和平'行动促使日本人在1935年把他们的不流血征服扩大到覆盖从山东到绥远的华北五省的中立区。一项由北京驻军司令宋哲元奉蒋介石之命同日本人签订的协定，使中立区成为正式的。兴高采烈的日本人很快就继续前进，鼓吹建立一个自治傀儡政权华北国。"

此时的北平城，虽然仍然有29军守卫着城门，但是城外，已经无险可守了。邓云乡描写着那时的情形："住在北平的人，一出朝阳门或东直门，不到东大桥或东坝，那几乎是到了'外国'了。"当时的北平，北有在热河省集结的日本关东军虎视眈眈，西有日本操控下的伪蒙古军4万人荷枪实弹，东则有日本的傀儡政权"冀东防共自治政府"拥兵自立，西南方向的丰台，日本驻军和29军冲突不断。北平，已经是一座四面楚歌的危城。

1936年，日本浪人在北平开设了382家制贩毒品的商店、洋行，日军武装保护下的走私日货，则几乎垄断了北平市场，市面上到处都是贩卖日本走私货的洋行。有人形容当时的日货商店，"在平津一带到处林立"。1935年一年，走私日货导致华北海关收入减少了37%。经营国货的商店更是难以为继，纷纷打出降价的招牌招揽客人，然而收效甚微。

1936年就读国立艺术专科时的张瑞芳

当时还是北平艺专学生的电影演员张瑞芳这样回忆着那时的情形："丰台火车站附近就有日军驻扎，他们骑马、射枪、整日操演；闹市区也有着和服的日本浪人，大摇大摆走街串巷。老百姓看到大批大批的国宝从故宫运出，政府说是"需要安全转移"；大批大批有钱人，拉着满满的箱包行李，拖家带口，往火车站去赶南下西去的火车。"

北平图书馆在1935年年底，将200多箱馆藏的珍贵古籍运往上海保存。1936年1月底，社会上又有传言说该馆收藏的《四库全书》等古籍也将运往上海。时任清华大学历史系系主任的蒋廷黻，也从1935年底，和他的清华同仁们一起，把学校里的贵重图书和试验仪器一批批运到长沙，他们感觉到了战争的威胁："此时时局紧张，战云弥漫，谁也说

故宫文物南迁

不清战争什么时候会爆发。清华随时都有被夷为平地的可能。日本在平津地区已经有妥善布置，因而对其侵略行为也毫不掩饰。虽然我们照常上课，但也知道来日无多了。"

面对动荡的时局，1935年底，清华学生蒋南翔愤懑地写道："华北之大，已经安放不得一张安静的书桌了！"

1935年12月9日，为反对日本操纵下的冀察政务委员会的成立，北平的青年学生发动了"一二·九"爱国运动，这次运动促使更多的爱国青年走上了抗日救亡的道路。梁思成的夫人林徽因当时在清华上学的弟弟参加了这次示威游行，遭到毒打并失踪了十二个小时，等伤养好后，他放弃了在清华大学的学习，报考了空军学院。而梁思成在燕京大学上学的妹妹，也遭到了毒打。费慰梅写道："对她来说，那次经历的震动是持久的。后来她成为一个热心而活跃的共产党员。"

北平爱国学生在游行

　　"一二·九"后，学生们组织了南下扩大宣传团，到农村和南方进行抗日宣传，但是国民党政府已经允诺日本，在华北平津地区取缔一切抗日宣传和抗日活动，因此，南下宣传抗日的学生被军政当局扣押并遣返学校。蒋介石在南京紧急召见北平各大学校长训话，从南京回来的北大文学院院长胡适，旋即对《京报》记者发表了这样的观感："京沪均赞成爱国运动，不赞成为爱国运动荒废学业。"

南下宣传抗日的学生

　　1936年2月，北平动员了大约一万名军警搜捕进步学生和爱国人士。斯诺的家成为进步学生、尤其是东北流亡学生们的集会地点，同时也是他们躲避军警镇压的避难所。2月下旬，华北军政当局仅在东北大学就搜捕进步学生43名，东北大学校长张学良亲自指挥营救学生，3月底，被捕学生全部获救。

　　1931年日本在东北发动侵华的"九一八"事变之后，大批东北学生、知识分子

东北大学北平第二分校

流亡关内，他们中的很多人落脚北平，进入北平各大中学校继续学业。斯诺一家此时租下了北平东城的盔甲厂13号的一半院落，另一半院落的房间里则居住着众多东北籍学生。东北大学于1931年底撤离沈阳，在北平租借房屋复课，东北知行中学、东北中山中学等也先后在北平开办，接纳东北籍学生入学。北京大学原校长陆平曾在这两所中学学习，回忆当年过春节的情形时，他这样写道："学生毫无节日的欢乐气氛，因思念家乡和亡省恨，男女宿舍都是一片哭声。"很多东北籍学生因此坚定地站在了抗日救亡的前线。

就读北京大学时的陆平

1936年，诗人光未然发表歌颂抗日志士、反对卖国投降的诗作《五月的鲜花》："五月的鲜花开遍了原野，鲜花掩遮盖着志士的鲜血……"4月，东北大学音乐教师阎述诗为《五月的鲜花》谱曲。这支歌曲首先在东北大学校园内传唱，很快传遍北平、传遍全国。东北沦陷的悲剧，则更加激发了北平居民反对日本图谋华北的决心。

林徽因在写给友人的信上，描述了这年初她的经历："对我来说，三月是一个多事的月份……我的一个小姑（燕京学生示威领袖）面临被捕，我只好用各种巧妙的方法把她藏起来和送她去远方。"这位以撰写浪漫主义诗歌著称的才女，接到了一封约稿信，是一家日本人主办的中文报纸的文艺副刊，她拒绝写稿。在得知有50个中国人在这家报馆供职时，她异常愤怒："难道他们不知道他们在做些什么？"她的丈夫梁思成则把那份报纸直接扔进了火炉。

梁思成、林徽因在北京天坛

5月，供职于营造学社的梁思成，将学社里与中国古建筑研究有关的重要收藏品打包装箱，准备运到安全的地方藏起来，以免落入日本人之手，同时加紧了自己的野外考察工作："我的每次考察旅行都是由于越来越近的新一轮日本大炮的震响而突然中断了有意义的工作。很显然我们能在华北工作的日子已经不多了。在我们被阻止这样做之前，我们决定要在这个地区全力以赴。"

北平东部的冀东24县已经在日本侵略者的操控下组织了"冀东防共自治政府"，近在咫尺的通县就是这个汉奸政权的所在地，长官叫做殷汝耕。这年春天，

家在北平的京剧名家杨小楼接到了殷汝耕唱堂会的邀请，开出的条件很优厚，两倍包银，杨小楼没有答应；殷汝耕以为杨小楼嫌包银少，就请杨小楼自己出价码，多少银子都可以，但是杨小楼还是拒绝了。当时在上海定居的梅兰芳曾经和杨小楼谈起此事，后来梅兰芳回忆道："1936年，我回北京那一次，我们见面时曾谈到，我说：'您现在不上通县给汉奸唱戏还可以做到，将来北京也变了色怎么办，您不如趁早也往南挪一挪。'杨先生说：'很难说躲到哪儿去好，如果北京也怎么样的话，就不唱了。我这么大岁数，装病也能装个七年八年，还不就混到死了。'1937年日本侵略军占领北京，他从此就不再演出了，1938年因病逝世。"

也是在"一二·九"运动之后，17岁的张瑞芳加入了中国共产党领导下的中华民族解放先锋队，简称"民先"。"'民先'工作纲要第一条：'站在最前线，参加一切救亡斗争。'直截了当。事实上，很多当年参加'民先'的进步学生，后来大都很自然地走上革命道路，成为共产主义者。"

1936年7月，柏林奥运会召开在即，各国运动员抓紧训练、备战奥运会。京西樱桃沟，200多名北平的年轻人也在抓紧训练、备战日本人的入侵。他们是各大中学校的民先队员。中共党员、民先队员陆平参加了这次活动："我们常常在这里热烈讨论红军北上抗日的消息，爱国志士仁人的抗日活动；还常常从这里编队

中华民族解放先锋队在举行爱国游行

出发，分敌我双方，展开攻防战、伏击战、遭遇战、游击战的演练，漫山遍野传出一片杀声。""肩负起重任，拯救中华，保卫华北。"民先队员们自发地在樱桃沟的一块大山石上，用凿子把"保卫华北"这几个最能表达当时人民心愿的口号，刻了出来。

9月18日，北平街头风声鹤唳，到处是巡逻的军警，戒备森严，当局明令不许学生上街游行。这一天，是东北三省沦陷的纪念日，东北流亡大学的师生们，在北平的临时校舍集会，举行"九一八"五周年纪念仪式，当天全校的伙食是来自家乡的高粱米。很多学生在这一年很少和留在东北的家人朋友联系，怕给亲人带去危险。日本人在东三省进行着法西斯统治，从关内寄往东北的信件被当局严格检查，往来书信频繁的家庭则可能惨遭不幸。

9月18日，北平大学工学院的礼堂里，悬挂着东三省的地图，北平各高校的学生代表站在地图前静默。之后，燕京大学教授张东荪发表演说，指出："要纪念国难，要注重世界大势，现在之大势，共有两系统，一为法西斯，一为反法西斯……此两大系统，最近期内一定爆发，演大流血悲剧，至于中国亦不免参加两大系统中之任何一种。"

9月18日，北平守城的29军士兵只吃了一顿饭，吃饭前则唱起了一首歌："这些饮食，人民供给。我们应该，为民努力。帝国主义，吾辈之敌。救国救民，吾辈天职……""每个战士得到的馒头上,清楚地印着'勿忘国耻'四个黑色大字。"当时在29军当兵的孙敬生老人回忆说,"领到馒头后,官兵之间要进行下面对话。问:'东北是哪一国的地方?'答:'是我们中国的!'问:'东三省被日本占去了,你们痛恨吗?'答:'十分痛恨!'问:'我们的国家快要亡了,你们还不警醒吗?你们应当怎么办呢?'答:'我们早就警醒了,我们一定要团结一致,共同奋斗。'"

9月18日至22日,驻北平日军则宣布,将陆续在通州、广渠门外、丰台、卢沟桥一带进行军事演习。丰台,就在这次军事演习中,落入了日本人手中。

实际上,日本人对北平的西南门户——丰台,一直垂涎欲滴。丰台是北平连接全国南北铁路交通的枢纽,是平津地区的重要战略要点,对于被敌人三面包围的北平城来说,由中国军队控制的丰台和卢沟桥一带是战事爆发时唯一的生命通道。1936年以来,中日双方为了争夺丰台,一直冲突不断。

20世纪30年代的卢沟桥

1936年5月，日本驻军未经华北当局批准，擅自在丰台修理营房，以容纳更多驻兵。一日，因火车突然鸣笛，29军驻丰台部队军马受惊，一匹军马窜入正在修建的日本兵营，两军发生冲突。日本驻屯军借机要求冀察政委会委员长、29军军长宋哲元从丰台撤兵，宋哲元没有答应。

守卫卢沟桥的中国士兵

　　7月下旬，日本中国驻屯军强行进驻丰台。8月31日，日本一侨民擅自闯入丰台29军军营，与中国士兵发生殴斗。日方借机再次要求中国军队撤出丰台，他们的无理要求再次被拒绝。

　　9月18日，前往丰台进行军事演习的日军一个中队，和29军的一个连在丰台车站西狭路相逢，日军小队长策马闯入29军的队伍中挑衅，双方发生冲突，对峙一夜。日本人趁机再次胁迫冀察政委会将中国驻军从丰台撤出。9月19日，在"中日亲善"的名义下，中国原丰台驻军撤离军营，日军则进驻丰台。至此，平津地区的战略重地、北平城最后的生命通道——丰台，落入了日本人手中。北平已经完全陷入了侵略者的包围之中。

事实上，1936年这一年，日本驻军一直在北平城内外不断炫耀武力、制造事端，一步步做好了侵占北平、进而侵占整个华北的军事准备。

1月5日深夜，一辆载有日军的汽车要求从朝阳门进城，这时城门已经关闭，守城的军人打电话请示上级，经同意后开门放行。日本军人认为这是刁难非礼，进城后不由分说揪住中国士兵殴打，并鸣枪示威，城上的中国军队也鸣枪回应。过后，日本驻屯军遂向冀察当局抗议，诬称中国士兵向日军射击，中国方面不得不以道歉了事。

1936年北平的元宵节庆祝活动增加了一个新的项目，北平的中国驻军29军在街市进行军事演习，观者如潮。与此同时，日本驻军则从当天上午十时起，在平津汽车公路沿线进行了野战演习。

1936年4月17日，日本内阁决定向华北增兵，加强中国驻屯军力量。6月3日，日本天皇批准了《帝国军队用兵纲领》，初期目标是占领华北要害和上海附近。8月，日军参谋部制订《1937年度对华作战计划》，战争迫在眉睫。

1936年10月底到11月初，日本驻军又一次进行了大规模的秋季军事演习，这一次，进行演习的日军直接进入了北平市区。11月3日上午9时，三辆日军坦克和800余名士兵从东郊进入朝阳门，经东四、王府井大街、东西长安街、西单、宣武门，从广安门和阜成门出城，到达北平西南郊。

当日军耀武扬威地穿城而过时，北平各大中学生均停课志哀，并外出向市民演讲，表达对日军挑衅行为的愤慨。

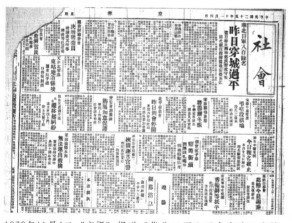
1936年11月4日《京报》报道"华北日军八百余名昨日穿城过平"

11月21日，在《京报》同一版面上，两组标题令人寻味："犯绥东者不论何种势力，惟有予以迎头痛击，中日交涉关键全系于日方"、"绥远局势如影响日本权益，日政府不能袖手旁观"。

绥远，位于今天内蒙古的中西部地区。日本人出钱、出枪、提供军事顾问甚至飞机，支持蒙古的德王实现所谓独立梦想，蒋介石下令傅作义出兵粉碎这股分裂中国的势力。绥远的局势，牵动着北平人的心。人们纷纷捐款捐物，支持前线的中国军人。各大中学校也纷纷以绝食一日、停暖气一周等方式，将节省下的煤火费送往前线；各学校更组成战区服务团，到前线救助伤员。某校东北籍的七个

东北学生投笔从戎，赴绥远参军

学生，决定投笔从戎、到绥远参战，他们的夙愿是"回东北去"，认为绥远抗战是实现自己夙愿的机会。

日本人惊恐地发现，"绥战使抗日气氛一度上升"。日本当时驻华大使馆武官今井武夫记录了在北平的见闻："绥远傅作义军击败内蒙的捷报瞬间传遍整个中国，新闻纪录片也及时在北平及其他各地上映。我也曾身着中国服，混在中国人中间去北平电影院观看。群众随着影片的解说而鼓掌、跺脚，兴高采烈。每当出现蒋介石和傅作义的特写镜头时，观众肃然起立，对救国英雄报以雷鸣般的掌声。看到他们高昂的爱国热情，穿着华服只身一人的我，被他们挤得推来撞去，不禁有些毛骨悚然。"

11月底，日、意、德结成法西斯联盟。12月3日，日本陆战军在青岛强行登陆，侵华野心昭然若揭。12月5日，北平学生团体发表声明，反对日军登陆青岛，并召开座谈会，纪念"一二·九"运动一周年、对时局表达自己的看法。《义勇军进行曲》、《救亡进行曲》的歌声回荡在会场。而报纸上的报道中，则删去了若干抗日字眼，出现了多处"天窗"。

12月初，全市中学生作文竞赛揭晓，获奖作文无一例外地关注着时局发展，初中冠军得主的文章是这样写的："中华民族于一百年来，衰弱已达极点，推其原因，固以其外族之侵袭，外患之遍来，然据实论之，则不能不归咎于自己之不振。是以欲挽救中华民国，当以复兴中华民族为急务。"

1936年12月12日，为纪念一年前在北平发生的"一二·九"运动，北平学生再

《大众生活》封面——大众起来！

国民革命军第29军大刀队在演练

一次走上街头，张瑞芳也参加了这次活动："呼口号、撒传单、唱歌、演讲，总之一句话：号召大家团结、抗日、救中国！学生和市民的人潮互相交织着，沿着大路缓缓向前。最后，各路游行队伍集结景山公园，等候宋哲元来和大家见面。同学们一遍一遍地高唱《五月的鲜花》和《义勇军进行曲》，唱得全身热血沸腾。""马路两旁站满了围观的群众，有的向我们招手，有的默默向我们含泪点头。"

第二天，北平街上的报童叫卖"号外"、"号外"。原来，就在北平学生们游行的当天，张学良、杨虎城发动了西安事变，兵谏蒋介石停止内战、一致抗日。西安事变再次引发了北平抗日救亡的学潮。

西安事变和平解决后，国民党政府高等军法会判处张学良有期徒刑十年并剥夺公民权五年，张学良出资创办并出任校长的东北大学前途渺茫。12月30日，200多名学生致电南京政府请求接收并改组东大、收归国有，教育部表示将搬迁东大到开封或南京。为避免当局对东大爱国活动的破坏，进步学生发起了护校运动，希望在张学良"获罪"后，仍然能保持学校的相对独立，他们言辞恳切地向教育部表示："窃意西安之变，纯系政治问题，本校是教育机关，不应即蒙受影响。"两派学生甚至为此大动干戈。

1937年1月，在丙子年即将过去的时候，流亡北平的东北大学学生们，是在对于前途的担忧中度过的。北平各高校和知识界，虽然一如既往地提出抗日救亡的主张，但这些声音都被当局强行压制在校园的围墙之内。29军的将领们则突然发现，日本驻军暂时停止了军事演习活动和挑衅行为。

从表面看，此时的北平秩序井然、平静如水。美国一位中国问题专家却在一片宁静之中感受到了极度的不安："这太像1931年了，太平静了，太平静了，平静得不能使我们放心，我们怕又要见到一个'九一八'呢！"

1948年

（农历戊子年）

拂晓的城

1948年奥运会宣传画

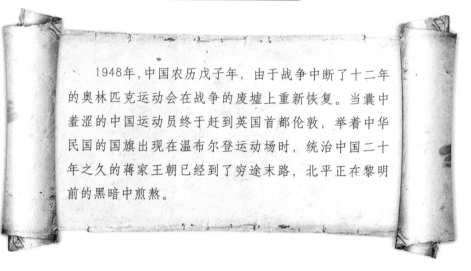

　　1948年，中国农历戊子年，由于战争中断了十二年的奥林匹克运动会在战争的废墟上重新恢复。当囊中羞涩的中国运动员终于赶到英国首都伦敦，举着中华民国的国旗出现在温布尔登运动场时，统治中国二十年之久的蒋家王朝已经到了穷途末路，北平正在黎明前的黑暗中煎熬。

　　1948年2月10日，是农历戊子年春节，一大早没吃饭的市民走遍了东华门大街的两头，也没有发现一个卖吃食的，初一早上就挨饿，这让北平人感到真是晦气。而接下来的消息让人的晦气更进了一层：各大米面店传来消息，米面粮价格全面狂涨，米每石达到了141万元，面每袋50万元，都比前一天上涨了10%还多。人们只得暗自盼望，希望能破财免灾过个好年。

　　可接下来听到的消息让北平市民越来越不安：大年初三，中央政府宣布递减各项经费，五个月内递减25%，因此要求各机关公务人员从2月份开始大幅裁员。正月初十，北平的各中小学校公布了最新的学费标准，高中提高到了44万

《北平日报》报道物价上涨的消息

北平报纸报道物价上涨的消息

元、初中提高到了33万元，小学和幼儿园都提高到了10万元，而北平一个教授的工资此时不过是60万元而已。

此时的北平，在年初的时候被国民政府定为了中国的陪都，拥有人口177万，是中国除上海之外的人口最多的城市。抗战胜利后曾有人建议中华民国再次定都北平，为此学界、政界还展开了一场激烈的讨论，然而最后却不了了之。1948年的北平，经济和城市的发展远不如上海、南京，而北平人曾经引以为傲的古老城墙也已经改变了模样。

1948年的北平城

　　俯瞰此时的北平城，纵贯东西的长安街上两个最后的城门——启明门，也就是建国门；长安门，也就是复兴门，都已经被拆除。长安街向东西各延长了几公里，西侧出复兴门4公里，一直到八宝山，一个面积65万平方米的新的城市中心已初具规模。这个中心以颐和园佛香阁为轴，南北是一条100米宽的兴亚大路，这条大路成为北平城新的轴线。而在城东侧出建国门向东南1.5公里外，几家中型的制造业工厂星罗棋布，形成了北平城东新的轮廓。

　　曾经的城市中心早已失去了往日的尊严和神圣，天安门广场是一片坑坑洼洼的土地，里面杂草丛生，垃圾遍地，中间有些地方的草长得比人还高。正阳门内的顺城街一带，垃圾和城墙比邻而居。此时的天安门地区是一个没人管理的地方，许多往城外运垃圾的车走到这儿就倒了，年初这里已经积存了整整160万吨的垃圾。这个巨大的肮脏的垃圾场，每天散发着刺鼻的、腐朽的气味，漂浮弥漫在北平城的上空，准备见证一个同样腐朽的王国的最后时刻。

日军占领北平后，在北平的日本人迅速增加到4万多人。日本人为了回避混居造成的摩擦，编制了一部北京都市规划，而北平城1948年的城市面貌就是这个规划的产物。按照1948年出版的《北平工务局资料汇编》的说法，这个规划从1939年开始实施，以西郊为居住区、以东郊为工业区，完全放弃了老城，使北平旧城区沦为死市。但是此时的国民政府已经没有力量来让这个死市复活了。

　　美国汉学家德克·博迪30年代住在北平，1948年当他再次踏上这块土地时，有这样的感叹：北平变了，变化非常大，而且变得更糟糕了。从表面上看，大部分主干道都铺过水泥了，也确实不再像从前有那么多灰尘了，马路上也不再乞丐遍布了。然而，过去居家的大门都漆成大红色，门上还有一对闪闪发光的铜环，可现在，大部分房子，尤其是我们这个地区的那一部分从日本军人手中夺回的房子，看上去都脏兮兮的，灰蒙蒙的，没有油漆过。和我们印象中的交通相比，现在马路上的车辆又少又慢。商店也是一副萧条样。

1948年北平前门外大街

　　我们过去所认识的人现在还住在这里，可他们现在的生活水平简直没有办法和十一年前相比，那时候，他们绝大多数住得宽敞，经济条件优越，可现在他们生活拮据，天天在为未来担忧。经历了十一年的抗战和内战，他们变得又老又苍白。

　　十多年来，先是日本军的占领，接着又是内战，北平城的老百姓一直在为填饱肚子而苦苦挣扎，而到了1948年这个子年，情况就更糟糕了。由于战争，北平一天天变成了一座孤立的城市，再也不像从前那样可以源源不断地得到外地运来的产品，曾经是北平重要手工业的琉璃制品业到这时已经成为历史，因为生产琉璃制品的原材料过去都是从山东运来的，现在这种来源被切断了。而此时北平城曾经的手工业品主要消费者，富人们和侨民已经大多去了南方，外国旅游者也已经不再来了。

　　元旦，蒋介石在南京发表文告，承认"在一年之间，屡受损失"，他要求民众"拥护戡乱国策，加强自卫武力，巩固社会秩序，维护经济安全……"。没过几天，华北剿总司令部就从石家庄迁到了北平。虽然报纸上每天都是国民党军取得胜利的消息，但是日益临近的战场和北平城越来越浓的备战气氛还是让北平人感到紧张。

　　让北平人感到绝望的还有极度萧条的经济。英国顾问团的菲茨杰拉尔德这样描述这一段生活：从1947年冬天到1948年，中华民国的经济状况从不好变得更糟，通货膨胀达到幻想才能构思出来的数字，而且上升的速度之快更难以想象。工钱用面粉或者大米支付，官员们的工资也同样，而且往往拖欠，这些人不得不靠贪污和黑市交易来生活。国民党政权上层人物大搞裙带关系，任人唯亲比比皆是，每天都有新的丑闻传播，而且花样翻新。

　　生活的压力，对未来的焦虑就这样弥漫着这个子年的春节。正月十五这一天终于迎来了久违的晴天，《北平时报》关于这天的报道非常有诗意：这一天天晴得像蔚蓝的海，远方的战争在这里只是一缕灰云，前门外大街大栅栏、西长安街一带，到处是拥挤的人潮。按照旧历，今天要吃元宵，观灯。但是这一天市面上销售的元宵已经达到了每个一万元，一般市民根本不敢问津，但是元宵节还是要过的。这些拥挤的市民就是到中山公园或者前门去看焰火和观灯的。

由于市民过于拥挤，秩序无法收拾，人群把有轨电车都冲离了轨道，中山公园门前的汽灯和长木牌也被挤碎了，观灯的民众比起历次北平选举和配售面粉的情景还要热烈踊跃得多，估计人群有10万人之多。这么热烈的情形前所未有，究竟原因何在？北大东方语言文学系的主任季羡林的回答是：快去看吧，明年今日怕是看不到了。

生活虽然很贫困却可以苦中取乐，这也许是北平人特有的性格使然，在这个苦闷的年头，电影院成为最吸引北平市民的地方。1948年的北平有电影院25个，座位1.5万个。各影院虽不断涨价，票价已经达到10万元，仍阻挡不住看电影的人群。各大学连日放映苏联电影《列宁在十月》，本来是免费的，因为人太多改成售票，但还是人满为患，而真光电影院播放《战地钟声》则需要提前一日订票。在高物价威胁下，有这样反常的现象，当时的报纸给出了这样的结论：电影潮吞没古城，有人说这是苦闷的象征。

季羡林

进入3月份，天气依然阴沉、寒气袭人，又像回到初冬季节。3月中旬的一个中午，北平城突然下了一阵冰雹，颗粒非常大。这让忧愁的市民感觉更加不安。而实际上这个月月初，北平的物价已经开始直线上升，首先是粮食比一个月前翻了一倍，然后是水、电、公交车票全线上涨。而市面上也开始散布着各种各样的消息。北大学生罗荣渠在日记中写道：传昨夜保定、石屏易手，今天《北京人》出了一个绘有内战

罗荣渠

地图的副刊，说洛阳被围，西安吃紧，还听说京郊发现小股共军，真是越打越近了。校内日来流传着迁校的谣言，北大迁杭州、清华迁长沙、南开迁重庆，不过并未证实。

因为能够证实和了解很多消息，北平的十几家报纸是当时最畅销的商品。但是在3月13日清晨，人们忽然发现市面上曾经到处叫卖的报童竟然都不见了。直到中午，大家才知道，因为印刷工友为争取待遇全体罢工，北平报纸全部停刊。罢工行动很快传染了各行各业。3月24日，北大、清华、燕京、师院等6所院校的学生到行辕请愿，要求配发各院校教职员工的面粉，为贫困学生设置救济金，提高教育经费。4月3日，北平、天津、唐山十大院校的学生总罢课。6日，北平各大学教工及医院医务人员又宣布：罢教、罢职、罢工、罢研、罢诊和罢课，以争取待遇、声援各学校的要求。4月11日，市民游行，抗议国营事业加价。

关于北平报业职员集体罢工的报道

北京大学学生举着"反饥饿，要民主"的横幅游行

北平就在此起彼伏的抗议声中迎来了子年的夏天。6月20日，清华大学80名教授为反对美国扶持日本发表联合声明，并拒绝购买每月两袋美援平价面粉。这80名教授中有著名的学者吴晗、金岳霖、钱伟长、朱自清。朱自清6月份的全部薪水只能买三袋多面粉，全家精打细算过日子，每天吃两顿粗粮。因为严重的胃病，他的体重已经减轻到不足40公斤。拒绝购买每月两袋美援平价面粉，意味着全家收入要减少2/5。

清华大学教授拒购美援平价面粉报道

签字当天，朱自清在日记中写道："此事每月需损失六百万法币，影响家中甚大，但余仍决定签名。因余等既反美扶日，自应直接由己身做起。"半个多月后，朱自清因胃穿孔而辞世。

朱自清（二排左四）与中文系学生合影

北平报纸关于东北流亡学生的报道

就在朱自清去世的这一天，北平发生了震惊世界的一幕惨剧。7月4日，市参议会通过一件议案，要将东北流亡学生加以军事训练，并给以士兵待遇，同时通知教育部不再发公费，以后的一切都由华北剿总负责。东北学生听说这个消息，非常愤慨，集合4000多学生，到市参议会请愿，遭到预伏的国民党军警开枪镇压。北大学生罗荣渠记录了这一惨剧的细节：很多尸体倒在血泊中不准学生抬走，很多呻吟在垂死关头的学生也不准人抢救，情况之惨史无前例，全体东北学生都陷入极度悲愤恐怖中，相向而哭，泪不干面。惨剧中学生9人被打死，100余人受伤。

从6月份开始，京城大大小小的难民所挤满了无家可归的贫民，天坛、中南海、太庙、孔庙、国子监、雍和宫都住着难民。官方的数字是1/4即50万北平人口加入了失业的大军，贫穷人口是29万人，而来自各地的无家可归的贫民更是不计其数。《北平时报》记者访问了国子监，他写道：国子监有难民1600人，一半住在屋里，一半住在廊下，满地潮湿，衣服皱得发霉，满院是臭水坑、到处是刺鼻的腐臭。赈粮是每人12两杂粮，除了小孩没有人吃得饱。小孩子每天都有死的，昨天刚死了一个，叫做丁宝印，只有4岁。

8月份，国民党统治区的经济几乎到了崩溃的边缘，买一个鸡蛋要24斤法币，

报纸对国民政府发行金圆券的报道

印有蒋介石头像的金圆券

一斤玉米面要100斤法币，法币首尾连接二里半，可买粗布一尺。和一年前相比，粮价整整上涨149倍。8月20日，全国各大报纸刊登《财政经济紧急处分令》，国民政府发行金圆券，限期收兑法币、东北流通券及民间所藏金银、外币，任何人不得逾期持有。在当局严令之下，中央银行门前每天都是人山人海，挤满了等待兑换金圆券的市民。新钞票上，蒋介石的头像第一次代替了国父孙中山。

菲茨杰拉尔德说：新货币的金字并无实际的价值，只不过是掩人耳目的遮羞布罢了，在理论上，除了金圆券外使用任何其他货币的人都要被处以重刑，但是实际上，所有的老百姓都继续使用不合法的银元和同样非法的美元。在10月，假定4元金圆券值1美元，到12月，100万金圆券才能值1美元，于是金圆券成了一堆废纸。

菲茨杰拉尔德记录了这样一个故事：10月份，蒋介石最后一次视察北平，当经过市区时，透过车窗看到了许多地方人们排起了长队，背后的助手告诉他，这些人是在将手中的银元和美元换成金圆券，而实际上这些人排起长队是要领取他们拖欠很久的工资，而工资是以面粉的形式发放的。蒋介石相信了助手的话，甚至在以后的一次演讲中还提到这件事，说他有理由相信北平人的爱国热情。

而此时北平市民对他们的政府已经失去了信任，手中一旦拿到工资就第一时间把它换成实物，在京城有限的媒体上，每天都是关于市面上成群结队抢购商品的消息。10月14日，在东安市场，一群市民争购棺材，让秩序一度失控。10月15日，西单商场被滋扰，抢走球鞋45双。10月17日，5000多人聚集在玉虚观，争购酱豆腐，警察最后不得不鸣枪示警。

加剧骚乱的原因传说还和大量的囚犯被释放有关，据《大公报》报道说，释放这些囚犯是为了节约粮食和暖气。因为在目前的经济条件下有些犯人不愿接受重新获得的自由而被刺刀驱赶出监狱。这些囚犯中有80%是过去日本人占领时的汉奸，其余大多是烟鬼，再加上少量的强盗。由于局势的紧张，各领事馆已经要求各国驻京人员在交通工具允许的情况下及时撤离。

10月，人民解放军占领郑州，切断了南北交通大动脉——京汉铁路。在东北，国民党的精锐部队几乎完全被歼灭。11月初，沈阳被攻克，东北全境宣告解放。在北平，消息灵通人士很快就听到了国民党军惨败的消息。不仅如此，人们还听到了大批共产党的军队正在南下，而目标似乎就是自己生活的这座城市。

即使不关心时事的北平人也可以感觉到这座城市日渐紧张的空气。12月12日，在紫禁城的金銮殿举行了一个大型庆典，庆典的目的是嘉奖8000名新征兵。从上个月开始政府在每个市内街区征召新兵，同时要求普通市民进行捐献，慰问那些被征召新兵的家庭。《世界时报》就报道说北大校长胡适被要求支付400元，这让胡博士非常愤怒，他写了一封抗议信送给市长，市民们猜测这封抗议信对胡博士很有用，不过对普通百姓，最后的捐赠都没有被免除。

除了征召的士兵，还有大量的军队被调集到北平城中。12月14日下午，德克·博迪经过市区正好看到

京师看守所

1948年冬天北平的军警随处可见

军队的情况，马路上挤满了一队队的士兵，隆隆驶过的军用卡车以及长队的两轮马车上装满了牲口的饲料、士兵的被褥和其他装备。在北平城从来没有见过那么多的士兵，很显然，傅作义是要在城里部署军队，而且至少是想让士兵们在城里待上一段时间。为了得到战事的进一步情况，德克·博迪还去了一趟煤山（即景

北平新征入伍的士兵

山），发现这个地区已经驻满了士兵，不再对外开放；相同的情况也发生在紫禁城、太庙、北海、中南海等公园和宫殿，只有中央公园还开着门。最后住不下的士兵被政府安排在市民家中，估计人数有20多万。

除了军事调动外，北平市面上到处是搬家的景象：有些人不顾一切想逃亡南方，而别的地方的难民像潮水一样涌入城里。在东单市场，除了普通的商人外，经常可以看到变卖自己财产的人，变卖商品中还有逃往南方的居民留下的各种物件，其中有一些还非常便宜，但是大多数人对这些物品已不感兴趣。

12月15日，是北京大学建校五十周年纪念日。在城外隆隆的炮声中，北京大学校长胡适离开北平，前往南京。由于走得匆忙，胡适只给留守北大的同事留下

时任北大校长的胡适

一张便笺：今早及今午连接政府几个电报，要我即南去，我就毫无准备地走了。
蒋介石预感到平津不保，指示中央研究院院长傅斯年将北平的一批知名教授接往
南京。继胡适之后，清华大学校长梅贻琦、北师大校长袁同礼等人搭乘第二架飞
机飞往南京。教育部官员特地到机场迎接，却大失所望，"抢救"名单上的教授
绝大部分都没有来。

北平城外的清华园，在校长梅贻琦走后，仍照常上课。12月16日，国民党
军队全部撤进城里，几天后，解放军开进海淀镇，他们没有进驻清华，只在校门
口设置了一个岗哨。代理校长冯友兰回忆，清华的师生都出去欢迎解放军。他的
夫人看见校门口站岗的战士赤着脚穿鞋，打算送给他一双袜子，结果无功而返。
冯友兰不禁感慨说："解放军可真是'秋毫无犯'。不记得什么书上说'王者之
师，有征无战'。这次解放清华不就是'有征无战'吗？"

哲学教授冯友兰是国民党中央研究院第一届院士，也在"抢救"名单中。但
他决定留在北平，他在回忆录中写道："当时在知识分子中间，对于走不走的问
题，议论纷纷。何必走呢，共产党当了权，也是要建设中国的，知识分子还是有
用的。当时我心里想的，还是社会主义'尚贤'那一套。"

12月18日晚上，两位解放军干部来到清华教授梁思成、林徽因的家里。他们

建筑学家梁思成

特地前来请教，城里哪些文物建筑需要保护。临走，一位军人对他们说："请你们放心，只要能保护文化古迹，我们就是流血牺牲也在所不惜！"这一年梁思成也当选为中央研究院院士。随着战争形势的转变，国民党政府开始筹划把中央研究院迁往台湾。梁思成抱着单纯的信念留下来，在他看来："共产党也是中国人，也要盖房子。我还是为新中国的建设出力吧。"

此时清华大学的教授们虽然依然裹着厚重的棉长衫和围巾，骑着自行车穿过西直门去城外的学校教课，但是出了国民党重兵把守的西直门后，就出了国统区。人民解放军已经将解放区的边界推到了北平城下，海淀、青龙桥、香山，已经到处是戴着狗皮帽子的东北野战军了。

北平的南苑和北苑两个飞机场，此时已经被解放军占领了，国民党军队便在天坛和东单建起两个临时飞机场。在日本占领北京的时候，天坛曾被建成一个农场，到1948年的时候天坛依然是破败不堪，此时为建临时机场，天坛再次遭到破坏：400棵直径为1—3米的古柏、2万多棵直径稍小一点的树被砍倒，拔起的树最后成了军队烧饭的柴火。

任何人都可以感觉到北平这座城市将面临巨变。下午商店很早关门，像东安商场这种地方，在这个冬天的下午显得特别萧条。城市已经面临一种围困经济，一袋44磅重的面粉前天卖250元，昨天涨至350元，今天已经卖500元还多。有钱人趁机囤积居奇，使通货膨胀加剧。虽然当局乐观地宣称食物足够应付三个月，但由于没有建立配给制度，这个承诺毫无意义。

1948年冬天的北平火车站

1948年冬天的天安门

　　此时北京城的百姓主要面临着如何活下去的问题。共产党不想给正在遭受苦难的北平老百姓雪上加霜，守城的一方也不愿扩大饥民的队伍，于是攻守双方之间达成默契，每天早晨太阳升起的时候，打开朝阳门，在城门的瓮城里开辟一个菜市。这样，在内城门关闭期间，外城门可以打开，允许卖菜的农民进入瓮城，摆好菜摊之后，外城门关闭，城内市民们蜂拥而入，购买他们需要的蔬菜。买菜的人非常多，所有蔬菜一个小时内便卖光了。

　　菲茨杰拉尔德描述了这个时候的北平：城市被围困的那些日子，生活反倒稳定下来。从军事的角度看，这是非常特殊的。共产党既没有对城市进行轰炸，也没有攀越城墙发动进攻。他们只限于零星但准确地炮击国民党秘密警察的总部。由于炮击准确，炮火没有波及到居民。因此，这种行动没有使老百姓经受太多的打扰或危险。夜晚，步枪和机关枪的枪声不绝于耳，那是守城的士兵在向他们认为接近城墙的敌军开火。白天，生活像平常一样，非常正常。

　　和以往唯一不同的是，现在街上行走的更多的是背着铁铲、被强迫去修筑防御工事的长长的老百姓队伍。德克·博迪的车夫小陈和他的邻居就被强迫干了几个小时。当然他们没有得到任何报酬。在街头，弹药箱、有刺刀的铁丝网突然增多了，除了修建应急机场，老百姓们的主要工作是铲平沿城墙外周围千余栋房屋。据《北平纪事》上报道，这些房子的居民成人每人可得赔偿300元，12岁以上的小孩每人150元，而这个时候北平人10元钱只能买10颗哈德门香烟，这些不幸的人往往几天后才被允许入城，这样又增加了北京城内无家可归的人数。

　　整个城市还遇到煤炭紧缺的困难。往常煤炭是由驼队从门头沟煤矿运来的，而今驼队的运输停止了。公共用电也随之频繁地停止供应。北平市民一直靠小煤炉取暖，这种小煤炉是用煤面和土混合做成煤饼当燃料的，煤炭紧缺使不少人经历了北平最寒冷的冬天。

　　北平人在可怕的平静中迎来了1949年的元旦，这一天报纸上发表了蒋介石的和平声明。随后的几天，战争似乎进入了休眠状态，随即一些商会、要人，上海、北平的报纸上也发表了辞藻华丽、咬文嚼字的呼吁文章，这些文章向国民党和共产党领导人发电报，希望和平。北平市民注意到，在所有的电讯中，"共匪"这个轻蔑的称谓已经改变为共产党这个比较尊敬的称呼了。然而几天后毛泽东明确拒绝了蒋介石的新年建议，并以他的八项条件取而代之。毛泽东的态度清楚地表明共产党将要将革命进行到底。

　　1月15日，北平城已整整被围了一个月，这一天北平的百姓听到了天津被解放

时任国民党华北剿总司令的傅作义

军占领的消息。而解放军对于北平市区的零星炮轰也在加剧。就在这一天，一发炮弹落在离美国新闻处20米远的地方，炸死了一个站在门口的人，天坛的临时机场也不得不停止使用了。北平到底是要降还是要打？北平市民越来越担忧和恐惧。

此时，华北剿总司令傅作义对于是打是降还是举棋不定，早在去年12月份，傅作义集团和共产党的北平和平谈判已经在秘密进行着，但是，双方的条件相去甚远，共产党提出谈判一切以"放下武器为基本原则"，傅作义则提出要在华北与共产党成立联合政府。谈判陷入了僵局。

1月份他在中南海召集北平的学者名流开会，表示愿意虚心听取大家的意见。廖静文回忆说：很长时间没有人发言，大家只是用疑虑的眼光相互试探。终于画家徐悲鸿第一个站起来说："北平是一座闻名世界的文化古城，这里有许多宏伟的古代建筑，希望傅作义将军顾全大局，服从民意，使北平免于炮火摧毁。"康有为年逾花甲的女儿康同璧随后慷慨陈词："北平有人类最珍贵的文物古迹，这是无价之宝，绝不能毁于兵燹。"

人民解放军接管北平城防

《北平时报》关于北平和平解放的消息

现在华北的战局已经让他手中失去了筹码，而来自北平市民的呼声也不容他再犹豫。1月20日，子年的腊月二十八这一天，双方终于公开宣布，一致同意结束战争状态。为了保全驻城守军的面子，"联合公报"的措辞考虑得非常周到。傅作义将军将把士兵"从城里撤出"，到西部驻扎。一个由市长领导的杰出人士组成的委员会接管城市，人民解放军将进城"维持秩序"。见多识广的北平市民们明白，这些条款意味着国民党军名副其实的投降，北平和平解放了。

在联合公报宣布的这一天，北平的物价全部狂跌，自来水厂恢复供水，商场恢复营业，而石景山电厂报告开始发电。德克·博迪在这天给自己的日记起了两个字的题目：解放。解放是时下最流行的标语，每个人都兴高采烈地说着、写着由伟大的人民解放军给北平带来的解放，最壮观的景象是长久以来一直承诺的大放光明终于到来了。

他写道：今晚，当我写这篇日记时，几个月来第一次，街上的灯都亮了。北平在经历了长达一年断断续续的黑暗时期后，重新进入了光明的世界。而一个光辉灿烂的明天也在人们的期盼中即将到来。

1960年

（农历庚子年）

新生的城

北京百年往事

1960

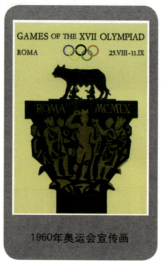

1960年奥运会宣传画

　　1960年，中国农历庚子年，经过一个十二年的
轮回，新中国已经骄傲地屹立在世界的东方。尽管在
国际舆论的重压下，台湾被迫以本地区的名义参加了
在意大利首都罗马举办的第十七届奥运会，但中华人
民共和国的运动员仍旧被拒之门外。这年，中国体育
的目标是下一年的第二十六届世界乒乓球锦标赛，
为此，中国首都——北京新建的工人体育馆正紧张施
工，准备和中国乒乓球运动员一起光彩亮相。

　　1960年5月9日，农历庚子年四月十四日，星期一。这天上午，北京天安门
广场，红旗飘扬，口号震天，北京各界群众100万人在这里集会，支援日本人民
反对日美军事同盟条约的斗争。有人把60年代的北京比喻为世界革命的红都，
因为它扮演着世界革命中心的角色。当时，在天安门广场举行几十万甚至上
百万人的群众集会，支援发生在世界各地反对帝国主义、反对殖民主义的革命
运动，是常有的事。

　　但在这天的集会上，一个极不寻常的人物出现在游行队伍中，这个人当年

在天安门广场举行的反对日美军事同盟条约的集会

54岁，他是以北京植物园的一个超龄民兵的身份来参加游行的。他正是前清逊帝——爱新觉罗·溥仪。

溥仪作为"伪满洲国"战犯于1959年冬被国家特赦，回到他的原籍北京。这时，距离他被国民革命军赶出故宫的1924年那个农历甲子年已整整过去了三十五年，此时的北京已不是清王朝的帝都，也不是国民党政府的北平，而是新生的中华人民共和国的首都——北京。

据溥仪《我的前半生》一书记载，他是乘火车从新建成的北京火车站进入北京的，北京火车站是中华人民共和国十年大庆北京十大建筑之一，溥仪对它的描述是"辉煌壮丽"。他第一个去参观的地方是天安门。他面对天安门城楼写道："在我左边，是庄严壮丽的人民大会堂，祖国大

溥仪（右）和五妹、溥俭在天安门广场的合影

家庭的重大家务在那里做出决定，其中也有使我获得了新生的决定。在我右面是革命博物馆，在我后面矗立着革命英雄纪念碑。"溥仪描述道："在天安门广场上，我平生第一次满怀自由、安全、幸福和自豪地散着步。"当溥仪来到他作为皇帝曾经生活过的故宫时，更是百感交集。"令我惊异的是，我临离开故宫时的那副陈旧、衰败的景象不见了。……在御花园里，我看到那些在阳光下嬉戏的孩子，在茶座上品茗的老人。我嗅到了古柏喷放出来的青春的香气，感到了这里的阳光也比从前明亮了。我相信故宫也获得了新生。"

"新生"这两个字用得恰如其分。1960年，这个庚子年的北京，与溥仪三十六年前出逃时那个子年的北京、和1948年上个子年的北京相比，可以说发生了翻天覆地的变化，新生的共和国确实赋予了北京城新的生命。

1960年的北京人口已达到670万，比刚解放时增加了460万，北京的辖区也由解放初期的1255平方公里激增到16800多平方公里，当时有市辖区8个，就是东城区、西城区、崇文区、宣武区、海淀区、朝阳区、丰台区、门头沟区；还有9个市

辖县，即平谷、密云、怀柔、延庆、房山、大兴、通县、顺义、昌平县，这与今天北京的行政管辖范围大体一致。

天安门广场是整个北京的中心，每年五一、十一都在这里举行盛大的群众游行和阅兵活动。为了迎接新中国成立十年的大庆，天安门广场进行了扩建。天安门到正阳门之间的建筑物全部拆除，广场向南推进了860米，直抵正阳门一线城墙。新建的人民英雄纪念碑矗立在广场的正中央，同时也位于城市的中轴线上。

新广场东西500米宽，周围的道路拆除了电车轨道，从南池子南口到南长街南口的游行大道是一条宽达80米的石板道，可以通过180路纵队的队伍。广场还安装了56个造型美观的九球莲花灯，栽种了油松、立柳及元宝枫，铺栽了草坪。扩建后的天安门广场面积由原来的11公顷增至44公顷，能容纳100万人集会。广场内部全部重新平整，安装了大型方砖，更换了加高的新旗杆，与此配套的东西长安街拓宽工程以及照明和广播系统同时完工，还改建了金水河北面的观礼台。一个雄伟、壮丽、面积举世无双的天安门广场呈现在世人面前。

天安门广场位于北京的正中心，是目前世界上最大的城市广场

位于北京天安门广场西侧的人民大会堂

在广场的西侧，一个被毛泽东主席命名为人民大会堂的高大建筑拔地而起，它的最高处为56.5米，这个高度超过了明清紫禁城所有建筑的高度，从破土动工到全部竣工只用了10个月时间，创造了建筑史上的奇迹。对人民大会堂工程倾注了巨大心血的周恩来总理对这座建筑给予了高度评价，他在《伟大的十年》一文中说，人民大会堂不但远远超过我国原有同类建筑的水平，在世界上也是属于第一流的。

著名作家冰心在《走进人民大会堂》一文中充满激情地写下这样的文字："走进人民大会堂，使你突然地敬虔肃穆下来，好像一滴水投进了海洋，感到一滴水的细小，感到海洋的无边壮阔。""你走遍天下，你看见过这么伟大、这么崇高、这么瑰丽、这么充满了庄严的诗意的人民大会堂没有？"

与人民大会堂遥相呼应的是位于广场东侧的中国革命博物馆和中国历史博物馆，这座南北长313米，东西宽149米的博物馆外墙是淡黄色的，屋檐用琉璃瓦砖镶成一圈金黄翠绿的花边，整个建筑物彰显出华丽而庄严的气势。博物馆的正面是一组巍峨雄伟的大柱廊，柱廊由十二对富有中国民族风格的巨型圆柱组成，高达32.7米。柱廊上部的横额上，嵌着一个高5.5米、宽26.5米的大旗徽。门廊两侧是两个高39.8米的大门墩，上端饰有火炬的浮雕，象征着"星星之火，可以燎原"。

而新加宽加长的东西长安街就像北京城的两个翅膀，让北京城的建设向东、向西、向四面八方飞得更快更远。沿长安街漫步往西，已没有红墙、牌楼的阻碍，映入眼帘的是一座又一座新的建筑。西单电报大楼催醒了北京的一个又一个清晨，接下来的民族文化宫和民族饭店像对亲兄弟一样站在路旁。出了复兴门，看见的是一座高大、时髦的建筑——广播大楼。从这里再往西的地方，当时的人们称作"新北京"。

位于天安门广场东侧的中国革命博物馆和中国历史博物馆

位于复兴门外大街的中央广播大厦

1959年的吕大渝

共和国第一代女电视播音员吕大渝在她的自述中这样说："新北京就是从长安街往西伸展，远远的公主坟、玉泉路、五棵松一带，中国人民解放军的几个总部和军区大院都新建在那里。"

当年8月1日新开馆的中国人民革命军事博物馆让新北京的上空多了一个闪闪发光的八一红星。

沿长安街向东行，视野同样开阔，穿过见证北京兴衰的北京饭店和几座新建的政府办公楼，就到了独具民族特色的北京火车站。坐落在火车站塔顶的巨大时钟和西单电报大楼的钟声同步敲响，似乎象征着北京在齐步向新时代迈进。

位于复兴路的中国人民革命军事博物馆，1960年8月1日正式开放

出了建国门再向东就是规划中的纺织工业基地，几个大的国棉企业都坐落在这一带，由此往南是化工区，往北则是代表新兴电子工业的酒仙桥电子城。无论是棉纺厂、化工厂还是电子厂，都盖得像花园一样美丽。

北郊的大学区又是另一番景色。拔地而起的石油、矿业、航空等八大学院交相呼应，敢与清华、北大媲美，如今又增加了邮电、外交、电影等10余所新院校，使北京成为全国高等院校最多的省市。对于北京大学之大，摩洛哥《旗帜报》总编辑穆罕默德·塔兹在他的文章中称："这是一个独立的城。"

住宅的建设速度也相当惊人。遍布城区的一批批新建住宅区大楼让久住胡同里的北京人开了眼，而散落在京城四郊的大面积的住宅区的完成，使北京城楼房的居民已经和平房的居民数量开始接近。其他的配套建筑，生活、文化设施也错落有序地点缀在北京城的里里外外。

苏联专家在解答中国学生的疑难问题

苏联展览馆坐落在西直门外，钓鱼台国宾馆位于三里河，农业展览馆位于东郊，工人体育场和工人体育馆在朝阳门外，中国美术馆、华侨大厦坐落在东四。北京市区重修、新建了一批公园、游览区。有人计算，新中国成立十年来，北京城房屋建筑面积超过了上

在北京苏联展览馆举行的新年联欢会，场面非常盛大

位于北京东郊的全国农业展览馆

千万平方米，相当于再建了一个北京城。对于北京的十大建筑，日本文学家访华
代表团的成员龟井胜一郎撰文说："在北京，现在完成了首都十大建筑，这些大
的建筑物看起来都比东京的新丸大楼要高大一倍有余。"他称颂中国人都有一种
"让高山低头、河海让路的气概"。

而于当年访问北京的民主德国副总理海因里希劳则惊叹："目前在中华人民
共和国逗留的我国政府代表团的随员一致认为，与去年最后一次访问相比，北京
的面貌几乎不能再辨认了。就拿几项工程来说，它们建成的速度在欧洲的条件下
简直是不可理解的。"

但城市的新布局、大发展也是付出了代价的。耸立在内城、外城几百年的城
楼，包括箭楼、瓮城以及一段段的老城墙在人们的视线中永远消失了，城内的牌
楼也所剩无几。而敏感的西方记者却在千方百计透过北京城外在的面貌窥视这个
城市社会生活的内在变化。

合众社对于这一年五一节中国领导人分别下到国家各个地方的举动报道说："这是与往年不同的地方，过去他们都是一起参加北京的大规模的五一庆祝活动的。"而对于十一国庆节的庆祝活动，法新社、路透社的记者都注意到："同通常的习惯相反，没有阅兵。""在人民中国历史上第一次没有一支陆军部队参加。"而这种现象背后潜伏着的严峻局势是日渐严重的粮荒。

年初，粮荒在北京城还不明显，法新社记者对北京老百姓过春节的报道只是提到：除夕的晚上，公社食堂里，有酒、猪肉。路透社的记者写的是："一向很少的猪肉供应量增加了，配给量由于节日而提高了。"而随着时间的推移，空气越来越紧张。2月10日，商店停止供应零售民用絮棉，对婚丧、生育用棉要凭街道办事处或人民公社介绍信才能供应。2月15日，《北京晚报》上又出现这样的标题：米醋和面蒸馒头，省工好吃又节粮，介绍海淀区青龙桥食堂用醋和面蒸馒头，每斤干面能蒸出1斤8两馒头，比普通方法多出3两的小窍门。2月26日，北京市作出发动群众种植蓖麻、葵花等油料作物以扩大油源的决定，一时，北京市各机关、院校、厂矿企业的院落里栽满了从未见过的大叶蓖麻。两个月后，团市委向全市青少年发出号召，利用空闲土地种植油料、饲料、瓜菜、粮食，当时称之为"四宝"。到了5月，浮肿病人在远郊区县出现了。调查估计，浮肿原因主要是营养不良、吃野菜中毒、劳动时间过长。随即，北京市委发出在学校注意劳逸结合的指示。那时，清华大学提出的口号是："健康第一，是政治任务。"蒋南翔校长的号召是："生活为基础，争取不浮肿。""希望浮肿不再恶化……要配合起来，来个保健大合唱。"

2月15日的《北京晚报》介绍米醋馒头

《北京日报》号召种植蓖麻、向日葵

不过，随着气温的升高，粮荒愈加严峻。6月，国务院财贸办在给周恩来总理的内部报告中指出：入夏以后，北京、天津、上海、辽宁等大城市和工业区的粮食库存非常少，北京只能供应7天，天津只能供应10天，上海已经几乎没有大米库存。在最紧张的日子里，北京、天津、上海三大城市的粮食库存，一共只剩了几千万斤，平均每个居民分不到10斤。形势万分险恶。三大城市一旦发生断粮饥荒，后果不堪设想！

7月底，北京人发现在饭馆要凭粮票才能吃到饭。中国最后一个不收粮票的地区——北京已经无力敞开供应粮食和副食品。渐渐地，市场上凭票供应的东西多了起来。菜肉蛋、豆制品、粉条粉丝、麻酱淀粉、饼干糕点、花生瓜子，能充饥的差不多全得凭票凭证限量供应。

而十天之后的8月10日，降低城市和农村居民口粮标准的决定下发。在党中央所在地中南海，机关干部的粮票重新定量，先由个人报斤数，再由群众公议评定。毛泽东自报的粮食定量是每月26斤，朱德也是26斤，周恩来报24斤，刘少奇报的最低，只有18斤。

据毛泽东的卫士长李银桥回忆，毛泽东向身边工作人员郑重宣布实行三不：不吃肉、不吃蛋、吃粮不超量。

不但住在中南海的中央领导人勒紧了裤带，整个北京城的人口平均定量水平也由28.15斤降到了27.67斤。家庭妇女每月的粮食供应不足24斤，孩子的定量根据年龄只有12斤到18斤不等。

作为新中国第一代女电视播音员的吕大渝当时正在北京广播学院读书，她说："我基本按照早餐二两、午餐三两、晚餐三两的标准使用27斤的月粮食定量。这样，月末那一天，我可以把节余的斤把粮票一顿吃光，那时，我多么渴望那每月一顿'撑着了'的感觉啊！"

作为外国专家，当时在中国画报出版社工作的美国人沙博理回忆说："当时吃的东西不够，配给品紧张，蛋白质供应短缺。我办公室里的几个年轻人患病而浮肿起来。"而"令人难以置信的是,几乎没有人抱怨。人们平静沉着,人们照常工作。外文出版社的后院里安放了几只大缸,他们在培植水藻——一种小球藻,用来放在每天的汤里,以补充蛋白质的不足"。"我们照样按时上下班、做同样多的工作。安详的女士们笑着说,她们穿的是好些年以来穿不下的衣服。"

沙博理(右一)在北京的家中

对于像钱学森这样的特级科学家,国家规定有特供,每户每月供应肉4斤,蛋3斤,白糖2斤,甲级烟2条。

但钱学森对他的夫人蒋英说,你知道现在中央领导在吃什么?毛主席戒了肉,周总理每天一顿粗粮。目前,国家处于困难时期,几亿同胞忍饥挨饿,我们应该同人民同甘共苦才是。在那几年里,他停止了喝茶,拒绝吃肉。

　　西方记者注意到的另一个现象是这一个子年发生在北京的又一个重要事件。路透社记者报道：尽管这年的国庆节中国外长陈毅发表演讲重申了中国的一切努力都是为了和平和社会主义阵营的团结，但在观看游行的70个国家、2000多名嘉宾的行列中"没有了苏联的官方代表团"，这和1959年新中国成立十周年大庆时，苏联最高领导人赫鲁晓夫亲率庞大的苏联代表团来捧场形成了鲜明的反差。

　　其实，中苏之间的分歧由来已久，1960年这个子年开始激化。

　　7月16日，苏联驻华临时代办苏达利柯夫突然提出要向中方递交照会。照会单方面召回所有在华的1390名苏联专家。同时，苏联政府还通知中国：将终止继续派遣的900名专家，停止向中国供应急需的若干重要设备，大量减少成套设备和各种设备中关键部件向中国的借贷。7月30日，苏联军事专家负责人巴托夫会见中国人民解放军总参谋长罗瑞卿时，正式宣布全体军事专家将于8月回国。8月4日上午，中方接待单位向在京苏联军事专家宣读了苏联政府撤走专家的照会及中方复照。

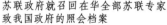

苏联政府就召回在华全部苏联专家
致我国政府的照会档案

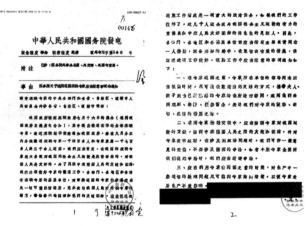

国务院关于送别返国苏联专家应该注意事项的通知

　　而一份名为《关于苏联军事专家的动态》的档案披露了另外的情况：从7月26日起，在京苏联军事专家开始纷纷向中方单位索要布票、木箱，并去百货大楼购物，准备行装。

在撤走专家的同时，赫鲁晓夫还提出要中国偿还抗美援朝期间向苏方的借款。

面对赫鲁晓夫的背信弃义行为，毛泽东说："我们中国人是有骨气的，天不怕、地不怕，帝国主义不要怕，修正主义我们也不怕！我们这么大个国家，还怕这点困难吗？只要大家一条心，团结全国人民一起艰苦奋斗，就没有过不去的火焰山。"

10月上旬，陈毅、聂荣臻、罗瑞卿、陈赓受周总理委托，在人民大会堂宴请中国科学家。席间，聂帅动情地说："逼上梁山，自己干吧！靠别人是靠不住的。以后就靠你们了！党中央寄希望于我们自己的专家。"这所谓的"宴会"桌上没有美味佳肴，只有四个菜，其中最好的一个是四喜肉丸。然而，这次宴会给人们留下了终身难忘的印象，聂帅的讲话成了鼓舞科学家们自力更生、发愤图强的巨大推动力，一种卧薪尝胆、励精图治的悲壮，一种赴汤蹈火、在所不辞的豪气充满了整个宴会厅。

聂荣臻（右）

钱学森说："中国科技人员是了不起的，他们能够艰苦奋斗。只要任务来了便夜以继日、废寝忘食地奋斗，甚至为此而损害健康，一直到他牺

钱学森

牲，他也不泄气。有了这种精神，我们就不怕落后，不怕困难多，我们一定能赶上去！"

11月5日，清晨6点钟，我国第一枚仿制的近程地地导弹"东风一号"成功发射，揭开了中国人飞向太空的序幕。

作为一个年轻女学生的吕大渝说："这种乘人之危、落井下石的不义之举，不仅激发了成年人的民族情、爱国心，就连我这样十几岁的少年人也有着一种非常悲壮的感觉，在每次讨论粮食定量的会议上，自愿把本来就不多的粮食定量一减再减，决心分担一些毛主席肩上的重担。"

当第十七届奥运会在意大利首都罗马举办之际，中国的首都北京正面临着国内粮荒、国外撤援、减衣缩食、偿还贷款的最艰难的日子。

而为备战1961年春天在北京举办的第二十六届世界乒乓球锦标赛，国家乒乓球队正处在极限度的训练阶段。为了保证他们的训练，国家对他们敞开供应粮食。邱钟惠曾经对媒体回忆说：当时我们进行的是封闭式训练，并不了解国家的困难。运动员的伙食都是保证的，我们每天照样有鸡、鸭、鱼、肉、牛奶、鸡蛋吃。直到有一天，邱钟惠在外出时看到一些中年人拿着竹竿在勾树叶，她一问才知道，整个城市、整个国家都在挨饿，她感受到了前所未有的震撼。归队后，她就写了一篇日记说：决心要用自己这只手，去为祖国、为人民，争取荣誉。而且说：哪怕我少活20年，我也心甘情愿，一定要为这个目标奋斗。

1960年是个纯情的年代，所有的人都深信不疑，困难是暂时的，前途是光明的，跟着毛主席走，胜利一定属于我们。就像《我们走在大路上》这首歌中唱的："我们走在大路上，意气风发斗志昂扬，毛主席领导革命队伍，劈荆斩棘奔向前方。向前进、向前进，革命气势不可阻挡，向前进、向前进，朝着胜利的方向。"

1972年

（农历壬子年）

回暖的城

1972年奥运会宣传画

　　1972年，中国农历壬子年，又一个十二年过去了，国际奥林匹克运动会历经七十六年进入第二十届。8月26日，在德国南部巴伐利亚州首府慕尼黑举行的奥运会开幕式上仍旧没有新中国体育代表团的身影。但进入20世纪70年代以后，新中国在世界上的地位已经有了根本性的变化：在十个月之前召开的第二十六届联合国代表大会上，国际社会已正式接纳中华人民共和国为联大正式成员，新中国体育代表团回到国际奥林匹克大家庭的日子已是指日可待。

　　由于第二次世界大战之后形成的东西方冷战格局，让新中国几乎与整个西方世界隔绝了近四分之一个世纪，在西方世界的眼里中国成了一个神秘莫测的国度。在《格蕾丝——一个美国女人在中国》书中，作者这样写道：近二十五年来，西方媒体对中国最近距离的观察点就是香港和东京。

而这一年发生在北京的一件出乎常人预料的大事正改变着这种局面：

　　2月19日，农历壬子年正月初五，正是学生放寒假的日子。上午，北京三十一中的学生张广林就和同学们一道跟着班主任老师来到了满是积雪的八达岭长城。

　　张广林在这一天的日记中写道：我们接受了一个特别神秘和神圣的任务——准备迎接美国总统尼克松访华。老师叮嘱我们：这次接待和以往不同，不欢呼、不喊欢迎口号，要装作在随意玩耍，看到美国总统要"以礼相待，不卑不亢，不冷不热，理直气壮"地回答问题。

周恩来总理到机场迎接美国总统尼克松

张广林说：正是这次为迎接美国总统尼克松访华所进行的长城彩排，他将"不卑不亢"这四个字铭记在了心上。

2月21日，正月初七，上午11时27分，北京气温零下9度，西北风6级。美国总统尼克松乘坐的蓝、白、银三色喷气式专机徐徐降落在北京首都机场。走下飞机的尼克松，首先伸出手，与周恩来热情紧握，足有一分钟。美联社记者亨利·哈岑布什在尼克松到达北京的当天撰文说：被共产党人斥为资本主义象征的尼克松今天已在中国首都落脚。北京的官员们为他们所邀请的客人们安排了一个降低了调子的欢迎仪式。……北京机场几乎没有迎接到达的色彩——没有红地毯，没有邀请外交使团，机场上没有群众，只有一面中国国旗和一面美国国旗。这一幕恰好被当时正在瑞士的为中国画报出版社工作的美国专家沙博理从电视上看到，他说："在日内瓦，我从电视上看见尼克松几乎静悄悄地进入北京。"

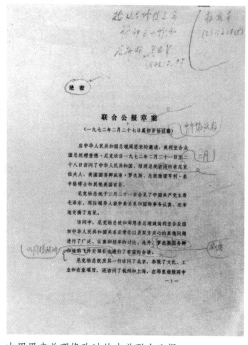

由周恩来总理修改过的中美联合公报

在2月22日的《北京日报》第二版上我们注意到新闻图片中的一个细节：周恩来总理和尼克松总统在检阅中国人民解放军三军仪仗队时，在他们的身后挂着的巨幅标语仍旧是："全世界被压迫人民被压迫民族联合起来！""打倒美帝国主义！"或许我们可以把这个细节看做是对"不卑不亢，理直气壮"的时代背景的交代。

1972年是中国的建交年，继上一年10月中华人民共和国恢复了在联合国的合法地位后，与中国建交的国家接踵而至，查阅这一年的报纸我们可以看到：几乎每个月都有建交的公报

美利坚合众国总统理查德·尼克松应邀来中国访问，于1972年2月21日到达北京

中国与牙买加建交的联合公报

中国与乍得共和国建交社论   中国与德意志联邦共和国建交的联合公报

见诸北京的报端。

　　尼克松离开北京七个月后，日本国的太阳旗也挂在了北京长安街的华灯灯杆上，这让当时的北京人觉得很刺眼。原来是刚刚上任的日本新首相田中角荣带着230人的庞大阵容来到北京，开始了他恢复中日两国邦交之旅。钓鱼台国宾馆成了田中角荣的居舍，国酒茅台成了两国首脑谈判的润滑剂。

　　外交年给北京市民最直观的感受是：北京最显眼处的街景变了，不仅墙壁、铺面房被粉刷一新，许多"文革"中被"破四旧"废除更改的老街名、老店名也悄然恢复。反帝路恢复为东交民巷；红日路恢复为东四北大街；四新路恢复为佟麟阁路；反修医院恢复为友谊医院。老字号六必居酱菜园、致美斋酱菜园、丰泽园饭店以及蓝天、造寸等老字号裁缝店等都恢复了原来的名称，六必居、丰泽园还重新挂起了老牌匾。

　　外交回暖的春风还吹拂到北京社会生活的很多角落：

1972年9月27日，毛泽东主席在中南海会见日本总理大臣田中角荣（中）和外务大臣大平正芳（右）

10月2日，北京人民广播电台开始播出《业余外语广播讲座（英语初级班）》，并很快在国内外引起强烈反响。世界四大通讯社（美联社、合众社、路透社、法新社）为此发消息说："一个漂亮的男声和一个漂亮的女声"开始播出英语讲座。60万册英语教材在北京新华书店随即被抢购一空。

这年6月，根据毛泽东主席"关于外语学习要搞好"的指示精神和广大干部群众渴望学习外语的要求，北京人民广播电台着手筹办业余外语广播讲座。7月18日，周恩来总理批示："北京广播外语讲座，一经出现，影响极大。请于7月下旬先将第一月教材稿、教师播讲录音，送外交部，由浦寿昌、章含之、唐闻生三同志组织审查，肯定可用后，再在8月中旬于北京开课。"

一个普通的英语讲座，要惊动党的主席和国务院总理才能开课，这让生活在今天的人很难想象。

翻开这本英语教材，第一课的内容只有一句话：Long Life Chairman Mao（毛主席万岁）！

这一年，在"文化大革命"中被关闭的北京语言学院复校，教育部留学服务中心也恢复工作。外交部开始调集原外语学校的学生进行出国培训。一天，时任外交部干部司司长的许寒冰到医院来看望陈毅元帅的夫人张茜（当时外交部长陈毅元帅刚刚故去），并带给她一个好消息：周总理指示，翻译还是要培养的，想把过去在外语附中学习的老初三学生招回来，送到国外深造，将来回国后就到外交部当翻译。许寒冰对张茜说：你女儿丛军是外语附中的，符合这个条件。

事后，有幸成为这批公派出国留学生的陈丛军才知道，他们是在"文革"期间送出去的第一批学生，是红色中国在经历浩劫时，还特意培养的语言苗子。他们的任务不单单是学习知识，还是中国保持与世界交流的一点火种和希望。在这批负笈西游的36名学子中，16人去英国，20人赴法国。他们中有现任中国外交部部长杨洁篪，外交部副部长、驻美大使周文重，外交部副部长、驻联合国大使王光亚，以及原外经贸部副部长龙永图。

第一届亚洲乒乓球锦标赛比赛现场

　　8月26日，第二十届夏季国际奥林匹克运动会在德国慕尼黑举行，尽管发生了震惊世界的针对以色列运动员的恐怖袭击事件，但北京的报纸对此却几乎没有反应。此时的北京正用热烈喜庆的气氛迎接一场国际乒乓球赛事。北京天安门广场上和长安街沿途的宾馆饭店门前，花团锦簇，彩旗飘扬。广播里"小小银球传友谊，一片热心迎嘉宾"的甜美歌声让人们感觉到北京的盛情。9月3日，当第二十届奥运会进入第八天时，第一届亚洲乒乓球锦标赛在北京开幕。来自亚洲20多个国家的宾客和乒乓球高手欢聚一堂，中国的首都——北京一时成为亚洲关注的焦点。在为期10天的赛程中，关于比赛的消息每天都会出现在北京的报纸上，乒乓球在那时就是中国人引以为自豪的体育项目。

外交回暖的春风也让北京的建设格局发生了微妙的变化：

始建于1972年的北京饭店东楼

始建于1900年的老北京饭店此时因外交任务的繁重已显得不堪重负，一座更高更大的北京饭店东楼在这一年开始兴建。北京设计院著名建筑师张镈还清楚地记得它的修建过程所经历的波折："1972年，因接待外宾需要，总理指示扩建旧北京饭店，扩建高度以五十五米为宜。施工前，另一位中央领导来了，他觉得五十五米不够，不气派，应升至一百米。按这位领导的意见，工程决定扩建高度为一百米。"

后来在工程进行到88米的时候，问题出来了。一天，周恩来总理会晤了张镈，说："有人说北京饭店怎么一下子升那么高，是否要谋害主席？我看饭店高了。"总理说着拿出地图，边指边说："新华门距离北京饭店是二千零四十米；中南海离饭店也是二千多米，饭店扩建得高了，站在西面窗口，显然已能看到主席的书斋。嗯，我很为难，你看怎么办？"

经过多方研究，张镈想出了一个办法：饭店新楼少建三层，高度控制在80米左右；西华门左右各建26.7米高的屏风楼，这样可以挡住北京饭店方向投来的视线。这一主张，总理同意了，并指示新楼西面不开门窗。

距离北京饭店东楼不远，是位于建国门的外交公寓大楼，一眼看去，这两座

16层高、形同姊妹的建筑已经有些陈旧。而在1972年，它是北京城的重要景观，和北京饭店的新楼、友谊商店、国际俱乐部共同成为70年代初新中国外交潮的见证，成为继新中国成立初期北京十大建筑之后北京新的地标性建筑。

1972年的北京城，城市的主体布局与上一个子年——1960年没有太大的变化：从地面上看，城门更少了，城墙也拆得所剩无几。

1965年北京进行了两期拆除城墙城门的工程。第一期，拆除了北京内城南墙、宣武门、崇文门，全长23.6公里；第二期，从北京站、建国门、东直门、安定门、西直门、复兴门沿线，拆除城墙、城门等全长16.04公里。1969年珍宝岛事件发生，北京又因大规模挖防空洞开始沿环线拆除城墙城门。到1972年，北京城内的城门就只剩下德胜门箭楼、正阳门箭楼和东便门角楼了。

坐落于建国门外的外交公寓大厦

1972年的天安门广场宽阔、静谧、人车稀少；50年代末建成的十大建筑巍然屹立，与故宫、天坛等古都闻名的标志性建筑相映生辉；乘环行4路公交车绕城内一圈，全长不过8000多米。

而城市地下的变化却让人叹为观止：北京城乃至全国唯一的一条地铁线——北京地铁1号线此时已正式通车并对市民开放。中国工程院院士、铁道部隧道工程局高级工程师王梦恕，是新中国培养的第一批地下铁道专业硕士，参与了第一条北京地铁线路1号线的修建。他回忆说："地铁1号线是1965年修建的，由于战备的需要，设计施工是有绝对的针对性的。当时美国最大的炸弹是1500磅炸弹。因此从设计施工上必须保证，即使遭遇一平方米一个炸弹的地毯式轰炸，北京地铁也不会出问题。"

1971年1月地铁一期工程开始试运营，线路是从北京站至公主坟站，全长10.7公里。市民们主要是有组织地进行参观。1971年因发生林彪事件，地铁关闭。直到1972年年初，地铁二期工程竣工，线路从北京站延长至古城路站，全长22.87公

在地铁1号线运行的列车

里，此时地铁开始对外公开运营，票价为一角。

而全民动员修建的号称"北京地下长城"的防空洞系统在1972年已经遍及城内各个角落，绵延数十公里，至今还有所保留。

在今天的宣武区万寿园内，一段过去的防空洞被改造成民防公共安全教育基地，对外开放。这是至今保存完好且具有一定规模的防空洞之一。这段地下长城在地下6—10米的深处，占地2000多平方米，犹如长龙般的防空通道告诉我们，这曾经是一个艰苦卓绝的工程。防空洞内至今悬挂着许多记录当年挖防空洞时的珍贵历史照片。"深挖洞，广积粮，不称霸"，把毛主席的这个指示落到实处的重大举措之一，就是挖防空洞。北京作家刘仰东在他的纪实体小说《红底金字——六七十年代的北京孩子》中说："胡同大院小院，工厂机关学校，都不例外。挥镐抢锹、脱坯烧窑的场面比比都是……"

北京市民在为修防空洞劳动

对于这座刚刚遭受过"文化大革命"动乱，拥有700万人口的革命之都，西方记者是如何看待的呢？

这一年，两位来自西方世界的电影大师获得中国政府的批准来到北京拍摄纪录片，意大利电影大师安东尼奥尼和荷兰著名电影导演伊文思夫妇用他们的眼睛向世界描述了这座神秘的东方古城的状态。

意大利电影大师安东尼奥尼在工作

3月，伊文思的纪录片在北京开机，他给自己的片子取了一个很地道的中国味儿的片名——《愚公移山》。

担任这次摄制工作的原中央新闻电影制片厂高级记者李则翔说：在一次拍摄工厂工人生活的内容时，伊文思提出："我是一个外国人，来到了电机厂的夜校，我要亲眼看到，并通过我的'眼睛'告诉西方观众，中国工人是怎样度过工作之余的时间的，这将同西方的夜生活成为鲜明的对照。"这里需要说明的是：1972年工人能在夜校学技术已经是不小的进步，因为"文革"初期已混乱到工厂的工人也只能谈"抓革命"，不能谈"促生产"，谁要谈技术就会被扣上一顶走白专道路的帽子。

在安东尼奥尼眼里，1972年的北京是这样的一幅景象："每天上午，从5：30到7：30，马路染上了一片蓝色，成千上万的蓝衣人骑车上班，川流不息的自行车队占领了整条大街，整个城市。那种感觉就像是8000万蓝色中国人在从你的眼前走过。"安东尼奥尼让镜头摇过王府井、西四、鼓楼、故宫和一些不知名的胡同以及学校、工厂、幼儿园、公园；人们整齐有序地做操、跑步、工作，脸上洋溢着幸福、自信的笑容，儿童们天真烂漫，歌声清脆嘹亮；纺织厂的女工们在下班之后还不愿离去，她们自觉地在工厂院子里围成小组，学习毛主席语录，讨论当前形势；蜿蜒的长城、方正的城楼、太极拳、街头武术一一呈现。影片最完整的段落之一，是北京同仁医院通过针灸麻醉、对一位产妇实施剖宫产手术的全过程，几乎像科教片那样详细周到，从如何将长长的银针插到产妇滚圆的肚皮开始，一直到拽出一个血肉模糊的小生命。

这一年来到北京进行采访活动的还有一位美国人——新闻记者海伦·福斯特·斯诺。海伦·福斯特·斯诺30年代就读于北平燕京大学，亲历了"一二·九"运动，是美国著名作家、中国人民的老朋友埃德加·斯诺的前妻。她把这次中国之行写成了《重返中国》一书。她在书中写道："我参观的第一所中学是北京三十一中。在那里，我受到戴着红袖章的友好的红卫兵的欢迎。"

"三十一中有800名红卫兵，其中的一半是女生。""陪我参观学校的红卫兵们态度非常友好，她们为

美国新闻记者海伦·福斯特·斯诺

自己的刻苦精神、为自己的责任感到自豪。""我离开这所学校之前，学生们为我表演了歌曲，是用英语和汉语两种语言演唱的。歌声十分洪亮，再大的礼堂也能听见。""一男一女两个红卫兵唱的是湖南民歌《浏阳河》。我确实喜欢这首歌。""她们还唱了《红太阳照边疆》、《新疆人民歌唱毛主席》、京剧《龙江颂》片段。""这些学生所受的是反帝教育，然而对于帝国主义国家的国民却不

抱敌视态度，这是令人难以置信的。但是人们告诉我，共产党一贯强调要把'人民'同'帝国主义'严格区别开来。""在三十一中我受到了发自内心的欢迎。当我离开那里时，聚集了一大批人把我送到门口，男孩女孩都来同我握手道别，看得出他们对于结识我确实感到高兴。"

海伦提到的"红卫兵"是"文化大革命"的产物，这个组织一度替代了共青团；而小学的少先队组织也同时被"红小兵"取代。1972年，中学的共青团和小学的少先队都正处在恢复时期，这也是上年9月13日"林彪事件"发生之后，政治空气回暖的表现之一。

学生念书原本是天经地义的事，但在那个黑白颠倒的年代，这也竟然成了新鲜事。继两年前即1970年允许优秀的工人、农民、解放军战士进入大学深造（当时被称之为"工农兵大学生"）之后，这年9月1日，新学期开学的第一天，北京市刚刚恢复高中招生的第一批高中生在师生羡慕的目光中走进了明亮的教室，他们是按照在校生10%的比例选拔出来的佼佼者。尽管仍有90%的孩子没能这么幸运，但毕竟让人们看到了继续升学读书的希望。而大部分到农村接受"贫下中农再教育"的学生还只能在乡下苦苦煎熬，这年一纸人性化的政策让他们感到了温暖和希望，本人和家庭确有困难的学生经过甄别后可以回城市生活。

学生返回课堂，军人也开始返回营房。这一年，参加持续了五年之久的"三支两军"的人民解放军，完成历史使命，撤回到原部队，确属需要留下工作的，要脱下军装转业到地方。

而全国人民学习解放军，流行穿军装的时尚并没有减退，这一年开始有的确良军装问世，那个年代谁能穿上一件国防绿色的的确良军服，是备受人们羡慕的。而这一年的政治空气的宽松，也让爱美的年轻妇女斗胆穿上了久违的裙子，爱美的小伙子也敢穿时髦的皮夹克了。

冷清的机关、部队宿舍、四合院大宅子此时又恢复了生气，老中青三结合、落实干部政策，让在"五·七"干校接受锻炼的干部、转移外地的老首长又能回到久违了的首都北京和自己的家人团聚了。老百姓在报纸上经常能发现熟悉的领导人的名字重新出现。

自1971年"9·13"事件之后，北京市的五一、十一群众集会游行，改成了在各大公园组织群众游园，各级领导纷纷亮相到各个游园点与群众共同庆祝。不久，谭震林、罗瑞卿、谭政、杨成武、陈丕显等许多久未谋面的老干部出现在游园现场。八一建军节这天，北京市民从报纸上看到了陈云的名字，邓小平即将恢复工作的消息也不胫而走。

1972年国庆节当天，在北京各大公园里，举行了盛大的联欢文艺演出，庆祝中华人民共和国成立二十三周年

　　"文化大革命"那些年，北京市民的生活很清贫，从人们日常吃的大米、白面到称之为副食品的鸡蛋、豆腐，不是凭本就是凭票按人头供应。而供应给人们的精神食粮——文化产品更加单一。一个时期，垄断北京乃至全国文化市场的就只有《白毛女》、《红色娘子军》、《红灯记》等所谓的八个样板戏，连歌颂红军的《长征组歌》都被认为是替"老家伙"歌功颂德而引发争议。书店里更是贫瘠，除了《毛泽东选集》、《毛主席语录》以及马恩列斯著作以外，就是学习

现代芭蕾舞剧《白毛女》剧照

文件。而1972年，这种单一的文化现象有所变化，年初开始，北京新华书店里四大古典名著——《红楼梦》、《三国演义》、《水浒传》和《西游记》摆上了书架。作家刘仰东在他的纪实体小说《红底金字——六七十年代的北京孩子》中写道："1972年，是一个值得爱书人称道的年份。这年4月，四大古典文学名著由人民文学出版社公开再版发行，都是竖排半繁体字的那种版本。《红楼梦》的注释者是启功。《水浒传》是七十一回本的。把这四套书全买下来，也不过十块钱出头。那时男孩都爱看《水浒》，没有谁能数得清自己看了多少遍，不少孩子背得出一百单八将的名字、绰号和星号，有的孩子甚至到了能按次序倒背的地步。"在当时的孩子们看来，"《水浒》是一种精神食粮，是他们的憧憬和榜样……这是今天的孩子无论如何也理解不了的"。

小说《海岛女民兵》、《高玉宝》以及根据高尔基三部曲改编的小人书《童年》、《在人间》、《我的大学》也能在新华书店里买到。新华书店门前买书排起长队成为1972年北京街头一景。这一年一些内部书籍，如尼克松写的《六次危机》、田中角荣写的《日本列岛改造》等也在被私下传阅。

这一年，一些老电影经过甄别又可以重新上映了，作为军事教育片的黑白电影《地道战》、《地雷战》很受欢迎。由中央新闻纪录电影制片厂拍摄的《新闻简报》是各大电影院的必放加片。到中国政治避难的柬埔寨前国家元首西哈努克成为当时中国电影荧屏上出镜率最高的人物。因此，北京市民把电影院中的这种现象编成了"地道战、地雷战、西哈努克到处转"的顺口溜，在社会上广为流传。年末，人们终于有新电影可看了，其中《青松岭》最受观众喜欢，片中主题歌《沿着社会主义大道奔前方》成了那个年代最脍炙人口的电影歌曲。

而这年在北京最流行、最被推崇的歌曲莫过于《北京颂歌》，在工厂、机关、部队、农村、学校的大喇叭里，几乎每天都传出："北京啊北京，祖国的心脏，团结的象征，人民的骄傲，胜利的保证，各族人民把你赞颂，你是我们心中一颗明亮的星。"

电影《青松岭》剧照，这是著名演员李仁堂扮演的贫农张万山形象

　　子年末，被世界誉为红色之都的北京又起风波，教育界开始反对师道尊严、反击右倾回潮，神秘的"梁效"随即抛出反对儒家学说的文章，短暂的回暖迅即被来势迅猛的肃杀气氛所取代。这让经历了"文化大革命"初期动乱的北京人不寒而栗、忧心忡忡，"祖国的心脏"，你何时才能恢复正常平静的跳动？

1984年

（农历甲子年）

复兴的城

1984年奥运会宣传画

　　1984年，中国农历甲子年，经过一个十二年的轮回，中国体育代表团终于重返奥林匹克国际大家庭。较之五十二年前刘长春孤身只影出现在洛杉矶奥运会赛场，半个世纪后，在五星红旗飘扬下走来的是新中国357位体育健儿。在接下来的几十天里，五星红旗一次次被升起，中华人民共和国国歌也一遍遍回荡在美利坚合众国洛杉矶市的上空。而这个子年的中国首都——北京也同样充满着时代的激情。

　　1984年10月1日，农历甲子年的九月初七，秋高气爽，阔别了十五载的国庆阅兵式重现北京天安门广场，今天这里将隆重举行庆祝中华人民共和国成立三十五周年阅兵仪式和群众游行。

　　此时的天安门广场，早菊吐蕊、桂花飘香。马克思、恩格斯、列宁、斯大林、孙中山的巨幅画像矗立在广场两侧和中间，广场上十四个大红宫灯气球高高地并排飘起，上面的金色大字组成巨幅横标："庆祝中华人民共和国成立35周年"，而"实现四化、统一祖国、振兴中华"的醒目标语口号，标志着中国进入了一个改革开放的新时代。

　　9时，1000人组成的联合军乐团开始吹奏军乐，迎着威武雄壮的国歌声，100

1984年中华人民共和国成立三十五周年国庆之夜的天安门广场

门大炮分成两组，以惊天动地的28声巨响宣告中华人民共和国成立三十五周年庆祝大典隆重开始。海陆空三军指战员和武器装备的方队走出了军威，让人们振奋不已；奥运体育健儿的方队走出了国威，让人们激情澎湃；当"联产承包好"的标语车开过来时，人们脸上漾起幸福的笑容。而让全中国全世界留下永恒记忆的却是这样一个镜头：

当北京大学学生方队经过天安门城楼时，一幅"小平您好"的横幅突然展开。全场的人都愣了，这样一个异乎寻常的举动在以往的任何一个公开场合都从未出现过，甚至连摄影师都有点不知所措，镜头马上转向了别的方向。不过现场的人群很快看见小平同志向学生挥手，大家都欢呼起来。

"小平您好"横幅的创意始自北京大学生物系细胞遗传专业81级的同学们。9月30日晚上，为了敲定久议未决的游行口号，生物系的十个同学聚在一起，在一

1984年10月1日，国庆游行队伍通过天安门金水桥前时，北京大学学生自发打出"小平您好"的横幅

番煞费苦心的提议遭到否决之后，突然有位同学灵机一动，提出标语上写：小平同志您好。提议得到了大家的一致赞同，因为时间实在是太仓促了，找不到旗帜和旗杆，学生们决定用在场一位同学的床单制作一面旗帜、而把横幅的两端就拴在墩布把儿上。为了更醒目，最后大家决定只写四个大字：小平您好！

这实在是一个大胆的举动，曾经参与制作这个横幅的学生张让回忆说：小平的改革开放政策让80年代的学生深受其惠，对领导人从内心充满了爱戴之情。而80年代初社会开放的氛围也促使学生们能产生这样大胆的想法。游行结束后，横幅很快就被学生们销毁了。原因据说有三个：第一，学生们事先没有有意地去创造历史，所以事后也就没有想到去刻意地保护；第二，从游行纪律上看，他们这样"擅作主张的行为"是不被允许的；第三，这个横幅只是学生们表达心声的载体，游行结束后，它的使命也就完成了。

敢想敢干、敢为人先，但又有些淳朴、稚气，这就是1984年的北京，1984年的中国。

此时的北京已是一个拥有常住人口933万的世界特大城市，较之上一个子年多出了230万人，在东城、西城、宣武、崇文四个城区，人口密度每平方公里已经达到或超过2.7万人，这个数字与世界最稠密的城市人口密度已经相差无几，而这座城市的面貌也在以惊人的速度发生着变化。

俯瞰此时的北京城，由内城墙和外城墙组成的凸字形已不清晰，取而代之的是层层环绕市中心的环路。此时在原来城墙几乎相同的位置上由十几座立交桥和宽阔的行车道组成的二环路已经部分贯通正式运行，在二环路外城市的北边，三环路正在建设。此时的北京城更像是个大的建设工地，到处是正在扩建的道路和建设中的高层建筑，超过10层的建筑和古老的四合院参差错落，正构成北京城新的特有风景。

而在地下，继贯通北京东西的1号地铁建成之后，一个沿北京内城城墙自建国门至复兴门的环线地铁，在这年的秋天正式竣工。这项地铁工程，使北京地铁的总长度达到40公里，继东京、大阪、名古屋之后在亚洲城市排名第四位。乘坐新建的2号线地铁从建国门到复兴门只需要26分钟，大大缩短了北京人的出行时间，似乎也一下子把城区各处之间的距离变短了。

　　和上一个子年相比，长安街上两个最引人瞩目的新建筑，一个是1979年落成的毛主席纪念堂，而另一个就是北京饭店的东楼，这个十年前竣工的18层建筑到1984年虽然依然是北京最高的建筑，但是它的记录即将被正在建设中的国际大厦所打破，这座大厦将首次把北京建筑的高度拔到100米。

北京第一座高百米的大楼——国际大厦

　　而在国际大厦的东北面，一座贯通未来三环快速路和首都机场主干道的立交桥——三元立交桥正在施工，这是当年北京的首座大型立交桥，也是中国最大规模的立交桥，完工的时间是在这年的秋天。在离三元立交桥不远处，一个全身被玻璃包裹的饭店正准备开门营业，它创纪录的投资超过了7500万美元。在这年6月6日的美国《基督教科学箴言报》上对这个豪华的饭店是这样描述的：耸立在北京市郊的长城饭店是一座富丽堂皇的20层高楼，乍看上去，它好像与周围的环境不大协调，然而，它所引起的兴奋是显而易见的。

如果说长城饭店是对外开放的一个缩影，那么在1984年，改革开放的浪潮涌动在北京城的东南西北，各行各业。

在城东，不少待业的年轻人有了出路，他们将一条狭窄的街道变成了热闹的集贸市场。曾经只有大商店才能买到的丝绸和服装因为价格低廉吸引了四面八方的客人，尤其是附近各个使馆的外国工作

秀水街市场上正在购物的国外游客

人员。这条长不过百米的秀水街被外国人看成了那个年代的"清明上河图"，此前，外国人买东西只能去友谊商店，秀水街的兴起让他们感到非常的方便。

后来成为澳大利亚总理的陆克文和他的夫人特雷莎就住在离这条街不远的使馆区，多年以后，已经是总理夫人的特雷莎回忆说："在我们住在中国的时候，邓小平开始讲话了，人们可以变卖房产和物件，很快，几乎是一夜之间，街上就涌满了小摊贩；几乎是一夜之间，你突然可以花很少的钱买一件丝绸睡袍；几乎是一夜之间，你可以买到不带伤痕的苹果。而且，50%的人不再穿中山装了，物质变得逐渐丰富起来。我想就是从那时开始，这种变化一直持续到了今天。"

涌动在城南的改革开放浪潮，刺激举步维艰的国有商店迈出了改革的第一

步。那时的天桥百货商场是一个1400平方米的大棚。这个大棚1953年建起，此时朽木屋架，苇席吊顶，雨季来临，须支上几根碗口粗的铁柱，以防倒塌。企业一直想进行改建却没有钱。这时的天桥商场只是崇文区百货公司属下一个小小的科级单位。经理只有10元钱的审批权。修个厕所，都得上边拨钱。1984年，困境中的天桥商场作出了一个重大的决定：发行股票。

1984年的天桥百货商场

天桥百货公司股东大会现场

股票，对于当时的很多人来说是陌生的。自从1952年中国政府取消证券交易市场后，股票早已从人们的视野中消失。为了保证发行顺利，这批股票采用了并不规范的"保本保息，自由退股"的办法，并且无法交易。在股票的背面注着这样一行字：5年还本，除分红外，还保证每年5.4%的利息。

7月25日，北京市第一家百货股份公司股票——天桥百货股份有限公司的300万股票全部被认购一空。它的股东包括国营、集体还有个人。而这之后，天桥职工发现曾经端了30年的铁饭碗一下子不那么结实了：企业开始实行全员劳动合同制，采取择优汰劣的用工制度，按

《北京晚报》关于天桥百货商场发行股票的报道

不同情况与职工签订短期、中期、长期合同；原来的级别工资也取消了，挣多少得看完成任务的情况。

改革开放的浪潮在城西也随处可见。1984年8月，由香港设计师设计的西苑饭店主楼正式开始营业，主楼建成后，饭店一改原先"招待所、大旅社"的叫法和只接待劳模、外国专家的经营模式，成为一家面向全社会、面向全世界的涉外酒店。而最引起轰动、也最让市民感到新奇的是西苑饭店主楼上93.4米高处的八角形旋转餐厅。为了解开餐厅旋转的奥秘，当年的《北京日报》还专门刊登了报道——《旋转餐厅是怎样旋转的》。除了这个旋转餐厅，新街口西北角出现的一家自选商场也让当地的市民吃惊不小。商店刚开业时，看热闹的人多，而真正买东西的人少。无人售货，开架购物，商品少而且比普通市场贵——这行得通吗？

丢了东西怎么办？带着种种疑问，不少人好奇地进来转一圈就出去了。商场货架上的商品只有价格却没有名称，还出过类似把鸡肉当猪肉买走的笑话。

改革开放的浪潮也涌进了城北，激发城北科研院校的穷知识分子大胆下海经商。1984年，中华人民共和国成立后第一次下海经商浪潮出现，而下海的浪潮最先波及到的地方就是知识分子集中的中关村。此时的中关村已经拥有40家科技企业，初显繁荣。上一年，新创刊的《经济日报》连续报道了中关村第一个下海的研究员陈春先，把他塑造成一个勇敢的"弄潮儿"。报道说，陈春先的实践证明，走出实验室的科技人员将大有作为。在一连串报道的鼓动下，一批科技人员辞职下海。

这也影响了40岁的中科院计算所的研究员柳传志，这年他和他的几个同事也成立起一家公司——北京计算机新技术发展公司，公司有11个人，启动资金是计算所拨给的20万元，资产性质是"国有企业"。公司的办公室是一间20平方米的小平房，这里原来是计算所的传达室。很多年后柳传志回忆说："房子是砖头砌起来的，外面是深灰色的，里面是水泥地面，石灰墙壁。房子里有两个长条凳，两张三屉桌，都是人家不要的破东西。"公司创办之初，柳传志找不到一个可运作的项目。他先是在计算所旁边摆摊儿，兜售电子表和旱冰鞋，后来又批发过运动短裤和电冰箱。多年后这家曾历尽坎坷的公司最终成为中国最知名的公司之一。

那个年代，下海经商、承包经营、中外合资一时成了最时尚的名词。而呈现在市民日常生活中的颜色也是五彩斑斓。打开人们的眼界，推动市民生活的变化，电视在其中的作用功不可没。在上个子年，大多数家庭尚不敢奢望的电视机，在1984年已经走进千家万户。在北京百货大楼和西单商场，黑白电视机的销量正在逐渐下降，彩色电视机的销量却在猛增，而且常常断货脱销。1984年，北京地区已经可以同时收看到中央电视台和北京电视台播出的3套电视节目，预告和介绍电视节目的《电视周报》是北京市场上销量最好的报纸，达到了90万份。

1984年国庆节当天，北京市民挤在商场的电视机前观看节目

　　中央电视台春节晚会开始成为全市乃至全民的文化大餐。在迎接子年的春节晚会节目单上，人们不仅看到了内地最知名的艺术家们表演的节目，还看到了黄阿原、陈思思、张明敏、奚秀兰这样一些陌生的名字，这是港台演员和歌手在内地的第一次公开演出。

　　而由国外进口的动画片《米老鼠和唐老鸭》、《花仙子》、《聪明的一休》、《蓝精灵》等，风靡全国，把儿童观众紧紧地吸引到电视机前。紧接着，长篇电视剧开始走红，不仅《阿信》、《女奴》等境外引进剧受到观众欢迎，国产大剧《西游记》、《红楼梦》也受到民众青睐，特别是足球、排球的现场直播，能让全国亿万观众同时喝彩或沮丧。

　　7月29日是一个星期天，早晨7时，人们就打开电视机准备观看电视转播，这一天将在美国的洛杉矶举行第二十三届奥林匹克运动会开幕式。这是北京人第一

电视剧《西游记》剧照

电视剧《红楼梦》剧照

次通过电视直播观看奥运会的盛况，也是自有奥运会以来，北京乃至中国离奥运会最近的时刻。这一天创造了一个奇迹：2亿中国人同时收看一个节目——奥运会开幕式。

喜悦来得是这么突然，开幕式的第二天，也就是7月30日，"零被打破了"的大字标题占据了京城报纸版面的显著位置。曾经是供销社营业员的许海峰在普拉多射击场以一环的优势险胜对手，获得了本届奥运会、也是中国奥运史上的第一枚金牌。之后的几天，喜讯接连不断，在短短的16天之内，第一次全面出征奥运

1984年奥运会第一块金牌得主许海峰

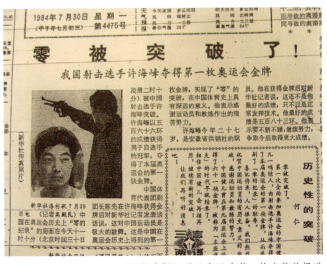

《北京晚报》关于奥运会第一块金牌的报道

的中国体育健儿，共夺得金牌15枚，银牌8枚，铜牌9枚，金牌数位居第四。

多年以后，一个学者这样回忆1984年观看奥运会比赛的经历：这个夏天让每一个中国人感觉是如此的幸福和激动，人们突然发现体育原来有如此大的影响力和凝聚力，在我们收拾创伤、百废待兴、艰难起步之际，及时地、无可比拟地振奋、激励了整个民族。8月16日，北京电视台顺势播出了电视连续剧《排球女将》，这个长达71集的电视剧，讲述了小鹿纯子等一群女排运动员奋勇拼搏的故事，因为正好契合了此时全国民众对中国女排精神的追捧而一下子备受关注，成为这一年的收视冠军。小鹿纯子的招牌动作——"晴空霹雳"扣球也在北京家喻户晓。

80年代初，在电视初露锋芒之时，中国电影业还处在一个黄金时期。这一年，国产电影《一个和八个》、《黄土地》，合拍片《似水流年》，都获得了北京观众的热评。与其他商品相比，1984年的电影票价非常便宜，北京平均票价只有一角五分钱；这一年里看电影的人次全国超过了290亿，平均每人每年看电影28次。多年后学者曹景行这样描述当时人们的心态：那是一种很饥渴的心情，想去吸收，特别是经历"文化大革命"到改革开放，有的人在影院能一天连续看几部电影。这是八十年代中国观众的一次文化补课。

改编自作家铁凝小说的电影《红衣少女》此时正在北京各电影院热映，影片的主角是16岁的少女安然，她喜欢踢足球、吹口哨，喜欢穿靓丽的红颜色的蝙蝠衫，还喜欢和没有多少废话的男孩来往。在改革开放的初期，特立独行的安然成为人们聚焦的对象。导演陆小雅后来接受采访时说：或许我有些狂妄，但是那时人们开始觉醒思考，如何提高独立人格和提高民主意识，我想提出的问题是："我们的民族需要什么样的后代？"一年后，电影《红衣少女》获得电影"金鸡奖"和"百花奖"最佳故事片奖。

富有个性的安然的红颜色蝙蝠衫是1984年时髦女孩的标志性着装。上一年，布票在所有票证中被首先取消，中国的服装行业开始从封闭的计划模式走向市

电影《红衣少女》海报

场。各种与服装有关的展览会轮番登场，来自各个厂家的新款服装也显眼地摆到商店的柜台上。在《北京晚报》上经常会看到当季的流行色彩和款式，北京市民开始告别习惯性的蓝色和黑色，色彩明快的服装点缀着北京古老的街巷。

1984年，越来越多曾经被视为西方人的时尚正在走进北京市民的生活。4月17日，中国的第一家西式快餐店——"义利快餐厅"在北京的西单南大街开张，专门出售热狗、汉堡和炸薯条这些西方人的方便食品。而不再为吃发愁的北京人，已经开始关心体重和健康，热衷于减肥和健美。电视台开始播放健美教学节目，吸取了"踢腿"和"出拳"这些中国武术动作的西方健美操在这年的春天风靡京城。

北京市民的生活色彩日新月异，境外游客们的光临让这色彩更加丰富。在上一年，29个大城市对外开放，而北京成了境外旅游者最喜爱的城市之一。在观光客中：人数最多的是日本人，其次是华侨，然后是美国人。英国《金融时报》的记者朱利安·鲍登也是作为个人旅游者踏上了来中国的旅程，他在文章中这样讲述自己游览北京的经历：在北京到处走走并不困难，即使不懂中文也没问题，出租汽车收费不高，还能租到自行车，但是最灵活的办法是乘公交汽车和无轨电车。书摊上出售北京市交通游览图，公共汽车上的中国乘客客气地几次三番地让座，他们的好意很难拒绝。北京的古迹很多，门票低得微不足道，只收一毛钱左右。

北京人对学习外语的渴求也给初次造访北京的英国人、医学顾问约翰萨文留下了深刻的印象，他对《苏格兰人报》说：陌生的人会同我们攀谈，有的骑在自行车上用英语向我们致以热情的问候，许多人都想学英语，在北京最快乐的一件事就是被请求帮旅馆的工作人员改英语作业。

在北京的大街上忽然一下子冒出来的不仅仅是远道而来的境外旅行者，还有大量的常住客，这使北京现有的几家具有国际水平的饭店客房变得非常紧张，因为境外公司的雇员们在同游客争房间。路透社记者埃里克·霍尔在4月份做了个调查，他惊异地发现到这年的年底将会有500家外国公司，其中包括70家外国银行在北京设立办事处，这让北京的高级饭店显得非常紧张。还好，北京正在筹建新的现代化的办公楼，而第一座现代化办公楼——中国国际信托公司办公楼不久就将交付使用。

在北京西单商场，顾客正在购买电视机

这年夏天，在北京最繁华的商业街——王府井大街南口，树立起了第一块外国产品的大广告——ONLY SONY HAS IT ALL（只有索尼拥有一切），日本的索尼公司生产的电视和音响产品，在1984年的北京是最知名的家电品牌之一。不过在这一年，普通的老百姓要想用人民币买一台进口彩电还要弄个指标，然后到出国人员服务部购买；而来到北京的

北京公园里"英语角"一瞥

外国人也发现，他们不能用人民币购物，只能拿着给外国人专用的外汇券到指定商店购买商品。虽然外国人已经能到北京旅游，但不是所有的地方都允许他们进入。市民单独与外国人接触，在那个年代还是不被允许的。因此，很多来北京学习的外国留学生，只能在同是留学生的圈子里交流，这让他们很苦闷。而前进中的北京也有自己的苦恼。

10月25日，一个普通的星期四，北京遭遇了新中国成立以来第一次大拥堵，这次意外的拥堵发生在早高峰，堵了半小时。在崇文门路口，满大街的自行车动不了，机动车在自行车的包围中也开不动，全市的严重堵点达到了50多个。

1984年北京人的居住条件变化不大，人们大都居住在二环路内，而上班则是在环路外的纺织、化工、钢铁等工业区。此时，北京有自行车473万辆，机动车只有25万辆。早晨成千上万的自行车驶往城外，由于道路狭窄，除了长安街等宽阔的路段，其他的路都不好走。北京的城市管理者第一次意识到北京城的交通已经满足不了发展的需要，膨胀的城市和人口需要北京建更多的路，也需要更先进的管理方法。

12月15日，我国第一个交通指挥中心奠基开建，这个指挥中心将通过计算机自动控制系统和电视监控系统来指挥全市的交通。

一位过来人这样评说过去的1984年："那确实是一个激动人心的时代……它并不是没有一点缺憾……但是那当中有一种时代的精神、一种理想主义、一种冒险。那是一个能在任何一个领域都有所发现的年代，也是孕育着传奇和梦想的年代。"

1996年

（农历丙子年）

火热的城

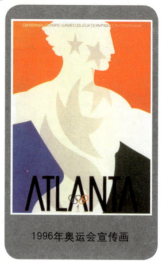

1996年奥运会宣传画

1996年，中国农历丙子年，又经过一个十二年的轮回，现代奥林匹克运动会在这一年迎来了百年华诞，希腊首都雅典没有圆奥运百年奥林匹克回故乡的梦，中国首都北京也没有实现千禧年奥林匹克到北京的愿望。但雅典没有放弃，北京也没有气馁，在这届奥运会上，中国体育代表团继续保持金牌榜和奖牌榜第四的位置，《义勇军进行曲》16次在美国亚特兰大赛场响起。而北京也正以"更快、更高、更强"的奥林匹克精神打造一个让全世界更加信服的新北京。

1996年2月19日，农历丙子年正月初一，这是20世纪最后一个子年。《北京晚报》大年初一头版报道：北京最低气温零下7度，偏北风二三级。城区安安静静过除夕，这是北京禁放烟花爆竹的第三个除夕。1996年北京城除夕时刻近郊禁放区噪声的平均值为52.6分贝，二氧化硫平均值为每立方米110微克，比禁放前的1993年大大下降了。北京市希望以无噪音、无污染、无伤害的新的贺年形式代替"爆竹声中一岁除"的千年习俗。

辞旧迎新的中央电视台春节联欢晚会已经进入第十四个年头，电视的普及让中央电视台的春晚越办越火，影响越来越大。香港歌手张明敏《我的中国心》唱暖了多少中国人的心；费翔《冬天里的一把火》点燃了无数观众的生活激情；赵本山春晚的开山之作小品《相亲》，让北京乃至全国观众记住了这个农民出身的喜剧天才的名字。春晚，早已成为北京乃至全国老百姓不可或缺的精神年夜饭。

观众注意到，在这一年春节晚会上有一首歌唱首都的歌曲《火火的北京》，演唱者是青年歌手解晓东，这首歌尽管后来没有像赵丽蓉小品里的台词那样广为流行，但却在3分钟的时间里，唱出了那个年代北京城火火的新面貌。歌中唱到：火火的北京火火的情，火火的城市火火的歌，火火的时代火火的爱，火火的明天火红年代……

此后解晓东在歌坛上更加红火，成为至今仍被很多歌迷喜欢的青年通俗歌手。1996年，解晓东从老家安徽来北京发展已有八年，可谓是改革开放后日趋庞大的"北漂"队伍中的一员。

这一年，"北漂"一词已经不是时髦的新词。据《北京统计年鉴》统计：1996年北京市的流动人口已超过300万，是1972年整个北京市总人口的二分之一；而常住人口为1259万，是解放初期200万人口的6倍。让这上千万人在北京吃穿住行都方便，还要赶超城市建设的国际水平，谈何容易？因此，北京就像开足了马力的车，在通向现代化宜居城市的道路上疾驰。

鸟瞰此时的北京城，上个子年部分贯通的二环路已于五年前的1992年完成全立交改造，成为中国内地城市中第一条无红绿灯的环城快速路。而第二条同样的环城快速路——三环路，也于两年前的1994年9月完成全封闭、全立交改造，三环沿线拥有的立交桥就达43座，比二环路上的31座立交桥多出了12座。从一些画面中我们可以清晰地感觉到：玉蜓桥，像一只巨大的蜻蜓展开双翅，飞跨在南护城河上；机场路边，三元桥气势恢弘，伸出双臂迎送往来宾客；苏州桥如巨龙直刺青天；国贸桥悠然自得地像舞动的银龙行走在大北窑桥、通惠河、京广铁路线

玉蜓桥

苏州桥

上；而计划中的四环路部分路段也已开始施工。这一年，"北京城"的概念早已被四面八方破土动工的隆隆机器声打乱，哪里是城区，哪里是郊区，让人辨认不清。

1990年的亚运会，把北京北郊的一片荒地变成了集场馆、公园、饭店、住宅、商店为一体的繁华街区，没人能感觉出与市区有什么区别。在高耸入云的国贸大厦等几个豪华饭店的带动下，已把北

新开发的房地产项目在施工中

京东郊的概念扩展到东三环外。而在十二年前的1984年，西行至万寿路，南行至永定门火车站还都是郊区。1996年，这些地方已被圈在北京城区的环路之内，繁华程度不亚于老城区。

骄阳似火的6月，万名建设者正日夜奋战在八达岭高速公路施工现场。《北京日报》6月19日头版报道说：伴随着隆隆机器声，万名筑路工人日夜苦干，本市今年最大的重点工程——八达岭高速公路马甸至昌平段已在京北展现身姿，全线工程量已过半，将于10月全线通车。京昌路的建成打开了北京的北大门；京开路的修建，打开了北京的南大门；京承路、京石路的开通，使得北京市民出行更为方便。这些变化都是在这最近的12年中实现的。北京的老住户形容得好：1996年咱北京真是一夜就能有一个变化，一夜就能开出一条大马路，一夜就能架好一座过街天桥，一个星期就可能认不出回家的路。

长安街修建于明代永乐年间，据说其名得自盛唐时代的都城长安，取长治久安之意。长安街以天安门和天安门广场为中心，东起建国门，西至复兴门，全长

天安门广场夜景

6.7公里，因此被称为"十里长街"。这一年，长安街的延长线使"十里长街"东达通州运河广场，西至首都钢铁公司东门，全长57.2公里，成为名副其实的"百里长街"了。天安门广场也进行了重新装饰，天安门城楼增设了夜间照明灯，使夜晚徜徉在长街和广场的人们更添情趣。

北京这时已成为高楼林立的城市，二环路、三环路两侧各种风格样式的塔楼随处可见。上个子年，在高度上傲视群芳的百米国际大厦已向200米高的京广

五洲大酒店

中心低头称臣。而西面的中央广播电视塔、香格里拉大饭店；北面的五洲大酒店、奥体中心；东面的京城大厦、国贸大厦；南面的北京国际金融大厦、北京新世界中心；以及王

府井一带的王府饭店、和平宾馆；长安街上的交通部大厦、海关大厦、恒基大厦等，遥相呼应，争奇斗艳，成为当年北京城的新地标。

而1996年最让北京骄傲的建筑出现在西南城的莲花池畔。1月21日10时30分，北京西站正式开通运营。一声清脆的汽笛伴随着由慢而快的隆隆声，"毛泽东号"火车头牵引着长龙般的"特1次"列车缓缓驶出北京西站。车头前脸挂有格外醒目的四个大字：胜利开通。新中国铁路建设史册上又多了一个新的记录。

位于北京市西三环附近，坐落在莲花池东路的北京铁路客运站，是一座现代化客运站，占地51万平方米，建筑面积为17万平方米，整个车站内设9个站台，投资总额达23.5亿元，其"品"字形的候车摩天楼高90米，相当于一座30层楼房的高度，登上主楼亭可远眺京城。北京西站是世界最大的铁路客运站之一，它的最高客运能力可达每日90对列车60万人次，堪称"亚洲之最"，在当时，是全国最大的铁路枢纽，也是我国铁路建设史上投资最多、规模最大、技术最先进、功能最齐全的客运站，被誉为北京的新大门。不久，连接北京与香港的京九铁路始发

北京西站

车将从这里开往九龙。

北京的变化不仅让国人眼花缭乱，也让世界为之惊叹。拉美社的一篇报道称："北京也许是世界上最近10年建设高楼大厦、道路和高速公路最多的首都。"俄《消息报》在《中国的经验》一文中称："8年前，外资在北京建造的头几座商业大厦像镜子一样闪闪发光，它们处在低矮平房的汪洋大海之中，显得十分扎眼。多数北京人仍住在这样的平房中，他们屋里没有自来水，水管和厕所都在院子里，做饭用的是蜂窝煤炉。但这些平房现在已不显得那么突出了。如果驱车沿着市中心的几条主要街道看一看，就会发现北京已经是一座以6—12层楼房为主的城市，而且还有数百座20—30层的大厦。北京在建筑方面已明显超过了莫斯科。"

的确，城市的发展让越来越多的北京市民告别了昔日四合院的生活，住进了高大舒适的现代化楼房，"搬迁"这个词成了当时使用频率最高的词语。随着人们装修新房需求的增加，也让装修业和家具业有了新的发展契机，翻看这一年的报纸杂志，各类家具城广告遍布其中，加入到兴旺的广告大潮中，而在上一个子年，人们对广告宣传还很陌生。

北京某拆迁区

路透社记者漆德卫在一篇名为《40年后重访北京——旧貌变新颜》的报道中表达了他的感受："如今，旅行者从香港进入中国时第一眼看到的不是毛泽东肖像，而是巨大的香烟广告。"而丰田公司的"车到山前必有路，有路必有丰田车"的广告在号称国门第一道的机场高速公路上更是格外显眼。

1996年《北京晚报》登出大幅广告彩页：北京吉普汽车有限公司作为中国四轮驱动汽车的定点生产厂家，为不断满足消费者的需求，我公司利用美国克莱斯勒公司的先进技术开发出BJ7250两轮驱动切诺基轿车。

这则广告就像是一个窗口，让我们很清晰地看到了1996年北京开始跨入汽车城市行列的印记。年初，北京公安交通管理部门通报：截止2月底，北京机动车总数突破了百万辆大关，在北京市近100万辆机动车中，私家车已经有14万辆。此时还有800万辆非机动车。而1990年，北京机动车保有量39万辆，私人拥有小汽车仅5120辆。此时在北京道路上跑的车，不仅有日本的丰田，还有德国的大众、法国的雪铁龙、美国的福特，可谓万国车展。

"汽车庙会"也堂而皇之地出现在亚运村，4万平方米的车场，3个展厅，展出近1000辆各种国产和进口汽车。工作人员现场为顾客提供有关汽车的咨询，电脑查询品牌、规格、型号、价格等服务。

漫步北京的繁华街区，让你很难感觉到这里就是北京，人群中有中国人，有外国人，有本地人，更有大量的外地人，穿着打扮、语言各不相同，让你好像置身于一个移民城市。英国路透社记者漆德卫这样描述道："颜色鲜艳的新潮服装和时髦的西服取代了几乎人人都穿蓝衣服时代的单调制服。40年前，在中国，只要我们停下来看看商店的橱窗或者去拍照，好奇的人们便将我们团团围住，像看稀罕儿似的盯着瞧我们。但是现在城市里到处都有外国人，再也没有人围观了。"

此时外国人到北京购物再也不需要兑换什么外汇券或到指定商场买东西了。他们发现，在北京逛商店和在香港、东京、巴黎、纽约逛商店没有什么区别，遍布城市东南西北的大大小小的超市和会员商店让住在北京的外国人感到非常方

红火的麦当劳快餐店

麦当劳快餐店门前顾客云集

便。而就在十二年前的上一个子年，超级市场、会员商店这些名词和概念还与北京人无缘。香港《信报》记者鲁山就写道：在王府井，包括12万平方米商城的新东安市场已巍然矗立，即将于明年开业；在西单，光大商城在已经倒闭的信特旁边接踵而至；西客站一带，主站房南北两侧今年内将崛起两大片商区，总面积不下90万平方米。

计划中的特大商城——位于王府井大街南口的东方广场也在这年破土动工，而东方广场的建设，将迫使刚刚落成几年、经营十分火爆的麦当劳快餐店另寻新址。此时麦当劳、肯德基等洋快餐已占据了北京很多街口，成为北京人开洋荤的方便去处。韩国《中央日报》就称："汉堡包、炸鸡等西方的快餐改变了以保守和挑剔出名的中国人的口味，正在以惊人的速度蚕食中国市场。"

常来北京的海外宾客会发现北京的电视频道越来越多，可看的电视节目越来越丰富，既能看到中国内地的节目，也能看到来自港台地区、美国、日本、墨西哥的节目，而住在宾馆的游客还能看到在世界各地都能看到的CNN、BBC、NHK等频道的节目。这一年韩流登陆北京，由SM公司包装推出的H.O.T组合，成为第一支进入北京也是第一支被中国正式引进唱片的韩国乐队。五个唇红齿白的韩国高中生凭借劲爆的视觉张力、颇具颠覆性的自我表现舞曲及绚丽的舞台效果，刮起了强劲的旋风。在北京，H.O.T组合引进版专辑第一期就卖了5万张。随之，这股潮流从歌坛吹到了影视界，并迅速席卷了整个中国，迷倒了18岁以下的青少年，成为90年代新的娱乐现象。

　　人们注意到，这年北京地区的电话号码从7位升到了8位，成为继巴黎、东京、香港、上海之后，第五个电话号码为8位数的城市。8位数字的电话号码意味着北京1000万市民每人可以拥有一部固定电话。人们还注意到，北京市民的随身携带物中多了一个像积木块的电子产品，这就是被北京人称为BP机的通讯工具。

　　这一年，当中国联通在报纸上用巨幅广告推出新一款标价588元的NXXO寻呼机，掀起"寻呼新浪潮"的时候，中国移动宣布：北京市大哥大无线移动电话用户突破30万，与广州、上海比肩而立，成为全国第三个无线移动电话用户"大城市"。

　　而这一年还有比BP机和"大哥大"更新潮的通讯方式开始改变着北京人的传统交流观念和生活方式。4月的一天，北京市民孙金凯路过首都体育馆西门时，蓦然看到一块巨幅广告牌上写着一句让他怦然心

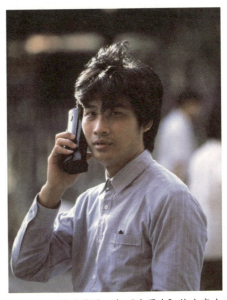

北京街头，打"大哥大"的生意人

"信息高速公路"商业广告牌

动的话：中国人离信息高速公路还有多远！在广告牌的指引下，他第一次踏入瀛海威1+NET科教馆并顺利地注册了一个时空居民号，正式步入了真正意义上的信息高速公路。回想第一次尝试互联网带给他的惊喜时，孙金凯说："因为我和朋友有时要交换一些意见，在电话里说不清楚，就互通信件，信件往返最快也要三四天的时间，而在网上通信竟只需要几秒钟，同电子邮件比起来，我们的'鸿雁传书'真够原始和落后的。"

7月，就在中国体育军团奋力拼搏于美国亚特兰大赛场，为祖国争夺荣誉时，一位名叫张朝阳的中国"海归"正为注册自己的ITC公司在美国四处奔走。三个月后他带着22.5万美元的风险投资回到北京，注册了中文名字叫爱特信的公司。这就是如今大名鼎鼎的搜狐网站的前身。张朝阳成为当时还是一片蛮荒之地的中文互联网的第一个开垦者。随后，搜狐、雅虎、新浪等互联网站迅速成为北京人信息来源与日常交流的工具。

这一年，一种集国际互联网络、咖啡屋、酒吧为一体的综合性娱乐和服务场所——"网吧"悄悄在京城街头亮相。

1996年11月15日，实华开公司在北京首都体育馆旁边开设了实华开网络咖啡屋，这是中国第一家网络咖啡屋。实华开公司的张东海先生还记得：当时来网吧的有发邮件的大学生，有查资料的公司职员，有在网上聊天的小姐，有玩网络游戏的外国人。当时电脑上机收费是每小时30元，而国际长途电话打往美国和澳大利亚是每分钟21元多，打往欧洲地中海地区是每分钟26元。利用国际互联网，同太平洋彼岸的朋友交谈，花费绝对不会比往河北省打个长途高；向国外发电子邮件，也远比到邮局发信便宜。

信息社会加快了北京这个大城市的变化节奏，上个子年尚不知股票为何物的北京市民，此时很多人已加入了股民的行列，炒股成为了时尚，电脑很快成为了炒股的工具。美国《芝加哥论坛报》的一篇报道说：中国出现电脑热。该报记者在北京的见闻是：王小莉结婚时不要茶具，不要红木家具，她只要一台最新型号的计算机。电脑热是中国渴望赶上发达国家的一个迹象。这种现象也使中国成为世界上个人电脑的最大潜在市场。

传统的习惯在改变，婚礼的形式也越来越讲究，拍婚纱照成为北京新婚男女的时尚。这年台湾商人率先将婚纱照引进北京市场。"情订奇缘"婚纱影楼在王府井黄金地段闪亮登场，很快，在王府井、西单各式婚纱影楼比比皆是。美国《洛杉矶时报》的文章说：中国婚礼消费越来越高。记者在位于北京繁华大街之一的西单路口的巴黎婚纱影楼里看到，那里的生意很是红火。一位年轻的新娘穿着像电影《飘》中女主角郝思嘉那样的拖地长裙——装饰着鲜黄色缎带、沙沙作响的塔夫绸裙——款款走过大厅。同行的新郎则打扮得像军乐队指挥。来这里拍婚纱照的夫妻一般都

至今仍旧红火的"情订奇缘"婚纱影楼

要花掉两人几个月的工资。

这年12月的一天，来自德国的旅游者一行20人，来到位于什刹海畔的柳荫街，北京胡同游公司的15辆三轮车早已一字排开等候着客人的到来。虽然这天天气很冷，但德国客人看到如此新奇的场面，都兴致勃勃地登上三轮车。三轮车队一字长蛇拉着德国客人，引起许多北京人的好奇。胡同里，大爷大妈和"老外"互相点头招手，让客人们倍感亲切。游完胡同，他们还在四合院里吃到了北京正宗的饺子，喝到了醇香火辣的北京二锅头。据统计，北京市1996年全年共接待境外旅游者218万人次，旅游创汇22.5亿美元。而让在北京旅游的境外游客最感头疼的问题——公共厕所卫生条件的改善，在这一年提上了政府工作日程。

外国游客乘坐人力三轮车游览

6月6日，为纪念世界环境日，"96北京城市公厕建设文化展览"在中国革命博物馆开幕。美联社报道说：中国开始公厕革命。未来北京的公厕大概全都是既豪华漂亮又舒适卫生。一个带抽水马桶的豪华厕所就是中国为结束数世纪来肮脏不便的公厕所做努力的纪念碑。从展览来看，北京的最佳公厕是一座位于天安门西北角的厕所，里面有可自动冲水的

骑自行车游北京胡同的外国旅游团队

小便处，大理石的地板，还有一只时钟。

"管中窥豹，可见一斑。"既然政府把解决公共厕所卫生问题都纳入了议事日程，那么北京市发展中面临的其他问题还会得不到解决吗？生活在北京的人看上去对这个城市的未来充满信心。拉美社的一篇报道说："北京不再仅仅因为有紫禁城而令人感兴趣，中国也不再仅仅因为有长城而令人感兴趣。人们看到中国已今非昔比。"

这年10月1日，天安门广场游人特别多。拉美社的一篇报道说："在中华人民共和国成立47周年之际，天安门广场再次成为中国的缩影和新时代的象征。成千上万的北京人和外地人一大早就涌向紫禁城对面的广场。广场一侧的电子大屏幕上在每小时、每分、每秒地显示着现在距离香港回归还有多长时间。……"此时的天安门城楼已不再是高不可攀的圣殿，它已对中外普通游客开放。而在这个节日登上天安门城楼的游客，能够清晰地目睹伫立在中国历史博物馆门前的香港回归倒计时牌，计时牌上时间分分秒秒地流逝，似乎在告诉游客北京百年的沧桑：1900年庚子年，这里是皇家禁地，但它没挡住八国联军的铁蹄；之后的8个子年，天安门城楼目睹了共和革命，目睹了逊帝出宫，目睹了日本侵略

10月1日，父子俩在天安门城楼观光游览

者的淫威，目睹了新中国的黎明，目睹了解放后近半个世纪北京城发生的天翻地覆的变化和不平凡的日日夜夜。

而时钟的前行，让人们仿佛看到1997年7月1日在这里将迎接香港回归祖国，1999年12月28日在这里将庆祝澳门回归祖国，2000年1月1日千年古都北京将与新千年约会。

十二年后又将是一个子年——21世纪的第一个子年，到那时，古老而又现代的北京能否与奥林匹克运动会有一个约会呢？让历史来见证吧！

天安门广场香港回归祖国倒计时牌前

2008年

（农历戊子年）

奥运的城

2008年奥运会宣传画

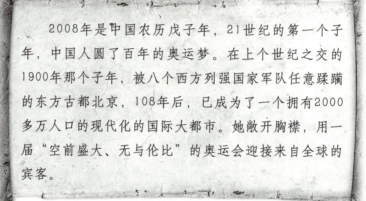

　　2008年是中国农历戊子年，21世纪的第一个子年，中国人圆了百年的奥运梦。在上个世纪之交的1900年那个子年，被八个西方列强国家军队任意蹂躏的东方古都北京，108年后，已成为了一个拥有2000多万人口的现代化的国际大都市。她敞开胸襟，用一届"空前盛大、无与伦比"的奥运会迎接来自全球的宾客。

　　咚 咚 咚……

　　2008年1月1日零时，从坐落在北京城中轴线上的钟楼传出有世界钟王之称的永乐大钟的108响钟声，这座拥有600年历史、重达63吨的铜钟，奏响的洪亮、浑厚的钟声，划破京城的夜空，宣告北京正式跨入奥运年。与此同时，在中华世纪坛上，迎接奥运年的庆祝活动也达到了高潮，全场数千名观众与台上的北京奥运形象大使——成龙，共同高歌《We Are Ready》。此时，冬夜北京城的气温已经降到零下10度，摄影师的手冻麻了，观众的脚冻麻了，着装单薄的演员的四肢冻麻了，但大家的心都是热的。正如歌中唱的："一天一天的等待，心情更加澎湃，创造最大的舞台，最豪迈的时代，这片土地已经准备好，打开梦想起飞的跑道，让全世界的目光，降落在我们的怀抱。"

《We Are Ready》是北京奥运会倒计时一周年时唱响的主题歌，这首歌表达了北京人民乃至13亿中国人对北京奥运会充满的期望和成功举办的自信。北京准备好了！的确，此时的北京较之上一个子年——1996年已经发生了巨大的变化。上一个子年就来到北京中国政法大学任教的美国人Joe（乔）目睹了这一巨变，他撰文说："除了北京之外，地球上没有任何一个城市在过去十年当中经历如此彻底的革命性的变化。"

鸟瞰此时的北京城，环城公路像碧湖中的波纹，向四周蔓延。48公里长的三环路早已成为历史；65.3公里长的四环路、98.58公里长的五环路也已付诸使用；而全长190公里的六环路也到了收尾阶段。这样，北京的快速城市环路总里程将达到440公里以上，成为世界上快速城市环路里程最长的城市。而坐落在环路上形态各异的立交桥，争奇斗艳，各显婀娜身姿。

遍布北京四面八方的高速公路，像生命力旺盛的夏季藤蔓，把腰肢向前尽情伸展。这个纵横有致的交通构架如同一张巨网把北京城乡各地、把北京与各个省区紧密地联系在一起。而地下还有一张网，就是北京的地铁线。2001年北京申办奥运时，只有1号、2号两条地铁线，总共只有54公里运程，而此时，8条地铁线已经开通，奥运会开幕时运程将突破200公里，力度之大，举世罕见。城市轻轨火车的出现也让北京城市交通大合唱更加和谐。

北京为奥运会配套的交通准备好了，北京为奥运会使用的37座场馆也准备好了。特别是坐落在北京中轴线北端的奥林匹克运动会主场馆区，不仅诞生了像"鸟巢"、"水立方"这样耀眼夺目的地标性新建筑，而且把北京古都城市中轴线建筑格局特色更好地展现出来。地理学泰斗侯仁之先生认为，这个坐落在中轴线上的奥运建筑群，是北京城发展过程中继紫禁城、天安门广场之后的第三个里程碑。

而以新的T3航站楼、国家大剧院等为代表的现代化新型建筑，带动鳞次栉

国家大剧院外景

比的各具风采的高楼大厦像破土而出的巨笋，沐浴着北京奥运会的春雨，遍地成长，节节攀高。美国《新闻周刊》杂志评价北京的建设"可能是除战后重建外，有史以来最具进取的首都改造工程"。

北京申办奥运会时，对国际奥委会，也就是对国际社会做出的郑重承诺正一一兑现，如果说有什么"指标"是被国际社会放在显微镜下关注的话，那就是北京的空气质量。而奥运年的第一天，时逢北京空气污染最严重的寒冬，当天《北京日报》以"蓝天白云带北京跨入2008年"为题，披露2007年北京收获达标天数246个，"新年第一天空气清新，将至少是个二级天"。

进入奥运年，可以说整个北京社会的每一个细胞里都浸透着"奥运元素"。此时，竖立在国家博物馆门前的奥运会倒计时牌上的时钟似乎走得更快，而报纸、电视等各种媒体及众多公共场合都加入了这个倒计时读秒的行列。充满青春活力的奥运会会徽，"同一个世界，同一个梦想"的奥运口号随处可见。特别是诞生于倒计时1000天时由贝贝、晶晶、欢欢、迎迎、妮妮五个福娃组成的奥运吉祥物，此时已无处不见。电视上，它们作为卡通形象，在演绎奥运的故事；商店里，它们是奥运特许商品店中最抢手的商品。

奥运特许商品店在出售"福娃"

"爱心融化冰雪"赈灾义演现场

2月1日，人们看见一幅长15米、高4.6米，写着"大爱有声"字样的公益广告牌竖立在朝阳区文化馆门前。广告牌上醒目地写有十六个字："大灾面前，众志成城，留京过年，同样温暖"。这天，距离子年春节还有五天，但无情的特大雨雪灾害让众多生活、工作在北京的外地人回不了家。北京人伸出了温暖的手，"雪天好留客"。同时，北京市民把自己的爱心通过捐款、捐物送到灾区。2月4日，一场主题为"爱心融化冰雪"的大型赈灾义演在首都体育馆举行，现场募集善款8600多万元人民币。为了帮助由于冰雪灾害滞阻于江西的脐橙在北京销售，市场推出了购买"爱心橙"的活动。海淀区紫竹院社区的菜市场为此挂起了一幅"买一箱脐橙，献一份爱心"的横幅。2月15日，《北京日报》在头版以"'爱心橙'六天卖了1000吨"为题，报道了北京人的这一爱心活动。

进入奥运会倒计时200天，国家游泳中心"水立方"亮了，它在灯光的作用下晶莹剔透，宛如蓝宝石。这座水晶宫是由港澳台同胞和海外华人华侨投资建造的。十天之后，在这里将举行"北京好运"赛事的中国游泳公开赛。对于这座外表包裹着一层布满几何形状建筑外皮、酷似一个方盒子的建筑，人们充满了无限好奇。有幸先睹为快的记者，被它神奇的设计所震撼。《纽约观察家》杂志记者汤姆·斯科卡说："这是让我印象最深刻的体育场馆。"为 *That's Beijing*

"水立方"夜景

工作的赛门先生来自英国，他形容水立方是世界级的建筑艺术作品，设计充满了未来感。

就在水立方交付使用的同时，即将竣工的北京奥运会主体育场——国家体育场，开始景观照明测试。这座由于造型独特而被誉为"鸟巢"的建筑和水立方遥相呼应，网状的外表经景观照明灯打亮，显得分外通透，透过网状外形流露出的神秘红色让人有欲入其中、探其究竟的冲动。

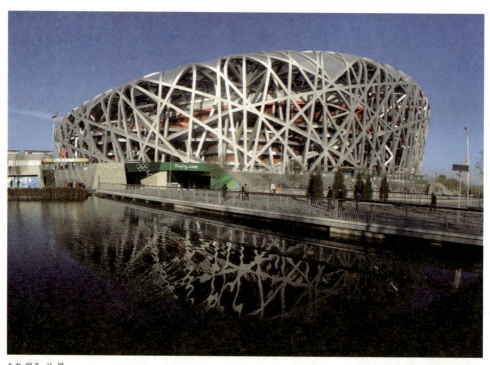

"鸟巢"外景

就在水立方、鸟巢亮了一个月之后，2月29日这天，世界上最大的单体航站楼——首都国际机场T3航站楼正式投入运营。这座有170个足球场那么大的现代化航站楼让各国来宾叹为观止。《纽约时报》一篇报道这样描述："那些刚走下飞机的西方人，看到北京的新T3航站楼时，都会感到瞠目结舌和晕头转向，那是完全可以理解的。跨过这个门户，他们将进入另一个世界，一个正在迅猛发展变

化，逐渐让西方望尘莫及的崭新中国。"文章比喻这种感受"好比在一个多世纪以前，当奥地利建筑师阿道夫·路斯从欧洲到达美国纽约港，走下蒸汽轮船时啧啧称奇的感觉"。

北京准备好了，北京的天气也作美。子年头一个月，收获26个好天，再创8年来新高。而明城墙遗址公园里的梅花也像懂得人意，早早吐露花蕊，打破了我国北方露地梅花开放的最早纪录。而接下来争相吐艳的迎春花、玉兰花将北京提前半个月催入春天。

3月31日，北京奥运圣火抵达北京，火炬接力启动仪式在天安门广场隆重举行，万千北京市民目睹了这一激动人心的时刻。接下来的一个月，圣火在境外的传递多有坎坷，火炬的传递时时刻刻牵动着北京这座奥运城里每一个人的心。北京的筹备工作在加速、在完善，而爱国的热情更高，"五星红旗""中国心""中国加油"的标志、口号，出现在网站上、大学校园里、行驶在公路上的各类车身上。

世界感受到了北京的坚定与自信，沉着和理智。北京奥运会不仅是北京的奥运会，中国的奥运会，也是世界的奥运会，它不可阻挡。

4月30日，奥运会进入倒计时100天，北京各区县群众以各种形式，载歌载舞欢庆这个日子。往日只有在新年鸣响的永乐大钟，破例在白天奏鸣29响祈福的钟声。当天晚上，在紫禁城太庙前，奥运会倒计时百天主题歌《北京欢迎你》首次登台亮相，成龙、刘欢、那英、阎维文、王力宏等百名歌星携手高歌，表达北京对全世界最为温暖诚挚的欢迎。歌中唱道："我家大门常打开，开放怀抱等你，拥抱过就有了默契，你会爱上这里。不管远近都是客人，请不用客气，相约好了在一起，我们欢迎你。……北京欢迎你，有梦想谁都了不起，有勇气就会有奇迹。"

北京奥运会倒计时100天主题歌《北京欢迎你》揭晓

北京欢迎你，水立方迎来一批又一批参加"好运北京"赛事的运动员和观众，国家体育场"鸟巢"在热情的气氛中掀开了神秘的面纱，第一次迎客。4月18

日下午，当女子20公里竞走最后一名运动员斯里兰卡女选手加拉盖进入鸟巢时，迎接她的是看台上雷鸣般的掌声。加拉盖为北京观众的友好热情所感动，她一再举手鞠躬致谢，"我在北京享受了一场非凡的比赛"。进入4月，北京的各个赛场争先恐后陆续亮相，好运北京各项比赛此起彼伏，接受来自国内外运动员的体验，而他们体验到的不仅是高质量的体育设施，更体验到随处可见的志愿者的微笑服务和北京欢迎你的浓浓的气氛。"微笑、微笑、微笑，志愿者的微笑是北京最好的名片。"这首《微笑北京》的北京奥运会志愿者歌曲让每一个来到北京的人都感到温暖。10万名奥运志愿者，40万名城市志愿者，100万名以上社会志愿者，都准备好了。此时，在北京大学的校园里最流行的见面语就是："当奥运志愿者了吗？"

北京的天气似乎也在微笑，进入奥运年，蓝天数量月月达标，而4月中旬的一场春雨降下了常年三个月的雨量，是40余年来同期最大的一场降雨，它让久旱的北京大地喝足了甘露。然而，老天也有不测风云。

5月12日14时28分，四川汶川地区发生高达8级的强烈地震，瞬间夺去了当地数万条生命，巨大的震动波及全国，北京地区也有强烈震感。很快，北京市民向灾区献爱心的活动全面展开。听说地震灾区急需血源，成千上万的人迅速加入献血的大军，北京街头献血车前排起了长队，有一位市民排了4个小时才献上血；在联想集团的献血站，有人不惜加塞儿也非要献上自己的爱心；而清华大学的紫荆学生公寓前，前来献血的清华学子达到六七百人。鲜红的血，深深的爱，不间断地流进献血车，让北京的血库在震后46小时就已告满。5月18日晚，"爱的奉献——2008抗震救灾大型募捐活动"通过中央电视台向全国播放，现场共募集各类善款超过15亿元。而此前，首都各界民众的爱心捐款也达到了2.2亿元。5月19日下午2时28分，汶川地震发生整七天，在首都北京，汽车、火车、防空警报，笛声齐鸣，天安门广场、王府井大街、首都机场、奥运场馆、机关企事业单位，处处是默哀的人群，整整3分钟，有人抹去眼角的泪水，有人手拉手传递着坚强。在

北京市民排队献血

悼念日当天天安门广场一瞥

天安门广场，人们举起鲜艳的五星红旗，数以万计的人汇集出一个发自心底的呼唤——"中国加油！"

的确，任何困难都难不倒英雄的中国人民。第一次申办奥运会未果，北京没有气馁，突然爆发的非典没能让奥运举办城市易地。七年的艰辛让北京兑现了对国际社会的承诺，干扰的噪声阻挡不了北京前行的步伐，而这特大的地震灾难更凝聚了北京奥运会必胜的信念。

6月11日早晨，在北京市的有些路段，人们发现新的蓝底白字的路牌竖在路边，奥运专门指路标志安装工作开始了。也是在11日，奥运会拉拉队开始在北京工业大学体育馆进行实地演练，现场口号雷鸣，红旗招展，好不热闹。而在6月16日这天，首批奥运门票购买者已可到指定的中国银行网点领取票证。临近夏至，在北京市各主要道路及奥运场馆周边，姹紫嫣红的各类花卉争相吐艳，576个品种、4000万盆花卉陆续亮相。6月21日，机场第二高速、机场南线、京平高速公路同时通车。6月22日，奥林匹克文化节闪亮登场。进入7月，奥运临近的气氛更加浓郁。

　　7月1日，40万奥运城市志愿者的先头部队在全市首批200个被称为"志愿者立方"的志愿服务站点第一次揭开他们神秘的面纱，这些统一着装、训练有素的志愿者向需求者提供信息咨询、应急服务、语言翻译三大志愿服务活动。7月2日，

奥运会志愿者

中央电视塔夜景灯光改造工程完工，"同一个世界，同一个梦想"照亮夜空。7月5日，出行的司机发现涂有五环标志和时间限制数码的通道亮相了，这就是20日即将开始启用的奥林匹克专用车道。7月8日，奥运会倒计时一个月，在北京奥运会主新闻中心（MPC）的主新闻发布厅召开了首次新闻发布会，这标志着奥运会主新闻中心、国际广播中心、国际新闻中心正式启用。而这天入境的美国广播公司（NBC）员工威廉，成为第一位持北京奥运会身份注册卡而免于签证入境的奥林匹克大家庭成员。也是在这一天，写有"同一个世界，同一个梦想"奥运口号的彩旗在北京的主干道上飘扬起来了。7月15日，北京市公安局启动守护京城的三道治安防线，治安犬在这里上班执勤，与公安干警共同分担保卫奥运的责任。7月16日晚，国家体育场"鸟巢"测试开幕式焰火，绚丽多姿的烟花将整个奥林匹克公园中心区映衬得分外妖娆。

天公继续作美，上半年北京空气质量9年来最佳。6月份频繁降雨，不仅清除了空气中的污染物，而且让20年未见水影的卢沟晓月湖在7月2日流进了珍贵的甘露，"卢沟晓月"美景再现，让漫步在卢沟桥的游人纷纷举起相机，把这珍贵的镜头收藏在相机里。而对可能出现在奥运会开幕式上的雨情，从气象专家那里不断传出"概率较低"的信息。

7月20日，一个星期天，在一个小区的门口，志愿者拦住了一辆汽车，因为这辆车是单号。从这天起，北京开始实行单双号限行规定，180万辆车不能上街，拥堵的街道顿时变得一路畅通，这标志着北京进入了奥运会赛时运行状态。与此同时，各种保障交通、控制污染的配套措施陆续出台。

排污大的黄标车限行了，排污大的工厂停产了，土石工地停工了，而公交系统则配足运力，直接服务于奥运会的地铁10号线一期、奥运支线、机场线同时通车试运行。对于机动车实行限行，最高兴的莫过于被称为"的哥"的出租车司机，他们穿上崭新的统一工作服，尽情地享受限行给他们带来的滚滚商机。

奥运媒体村开村了。其中位于北苑的绿色家园是奥运史上最大的单位媒体村，可容纳6000人；而另一个位于北辰东路的汇园公寓，距国家体育场"鸟巢"直线距离仅300米。随后，奥运村也开村了。这座能容纳1.6万人的运动员村可向入住者提供居住、休闲等各种服务，距"鸟巢"直线距离不超过3公里，是历届奥运会距离主体育场和比赛场馆最近的奥运村，堪称"天下第一村"。奥运包机飞来了，T3航站楼奥运绿色通道开通了，安全快捷。天安门广场中心的奥运标志模型"中国印"竖立起来了，它将被放置在100万盆精心培育的花卉中间；前门大街的灯亮起来了，这条百年老街在灯光的辉映下，显得那么富有历史感、文化感，充满了诗情画意。

距奥运会开幕已不到10天，来自五大洲的运动员陆续进驻奥运村。奥运村沸腾了，入村仪式一个接一个，应接不暇。各国记者蜂拥而至，媒体村里人头攒动。中外游客云集，宾馆的前台繁忙起来，北京的"奥运人家"也迎来了一批批

国外游客在北京

奥运火炬传递现场

海外游客。而万众瞩目的开幕式在宝盒里藏了数月之久，终于要亮相了。7月30日，第一次彩排。8月2日，第二次彩排，烟花试放也在其中。8月5日，第三次彩排，让数万北京市民过足了先睹为快的瘾。而一外国电视媒体对彩排内容的有意无意的披露，还掀起一个小小的风波，但这个动作也有意无意地为开幕式做了一个大的专场炒作。而更大的爆料是官方宣布北京奥运会开幕式主题歌将由刘欢携手莎拉·布莱曼演唱，主题歌是什么仍旧是一个谜。

　　8月6日，历时130天的奥运火炬传递进入她的终点站——北京。三天的传递活动，奥运圣火传遍北京城郊的18个区县，把北京迎接奥运会的热情火焰激发到最高点。火炬传递所到之处，无不感受到北京准备好了，北京欢迎你，北京奥运会一定成功。与此同时，来自80多个国家的首脑、政要齐聚北京城。

　　2008年8月8日晚8时前，北京天安门广场，北京2008奥运会倒计时牌前已经挤

奥运会倒计时牌归零前夕

北京奥运会开幕之夜

满了前来观看倒计时牌全归零的民众。还差10秒归零时，全场万名中外宾客齐声倒数"9、8、7、6、5、4、3、2、1、0"，随着大家的喊声，倒计时牌表停在"0天0时0分0秒"，百年奥运梦想终于实现了，北京奥运会来了！在不到一秒钟的短暂安静后，全场响起"奥运加油！中国加油！北京加油！"的欢呼声。

与此同时，在国家体育场"鸟巢"现场，盛大的北京奥运会开幕式也进入倒计时数秒。9万人的体育场内座无虚席，观众齐了，贵宾齐了，运动员齐了，演员齐了，为开幕式工作的所有人员都已各就各位。20时零5分，焰火"历史足迹"开始燃放，29个巨大焰火脚印走向"鸟巢"。随后，中华人民共和国国旗在万众齐唱的国歌声中冉冉升起。20时14分，万众瞩目的北京奥运会开幕式表演《美丽的奥林匹克》拉开序幕。尽管这天北京天气闷热，演员、来宾都是汗流浃背，但现场精彩绝伦的表演似乎让所有的人忘记了这一切。21时差1分，北京奥运会主题歌亮相，刘欢和莎拉·布莱曼站在象征地球的圆状模型顶端，激情高歌别具风格的北京奥运会主题歌《我和你》，主题歌充分演绎了北京奥运会"同一个世界，同一个梦想"的主题，"我和你，同一个世界下，心连心，我们是一家"。当鸟巢上空焰火怒放时，北京市各个燃放点的烟花同时在夜空盛开，天上的花，地上的景，人们脸上的笑容交织在一起，北京是那么的漂亮，今夜的北京还能有人入睡吗？

早在4月3日，国际奥委会协调委员会主席维尔布鲁根就曾预言："相信到北京奥运会闭幕时，我会为北京打出一个超高分的评价。"而他的这个预言，在北京奥运会开幕式上就被定格了。精美绝伦的北京奥运会开幕式迷住了整个世界，全球有40亿人观看，好评如潮。此时，国际奥委会的官员们心里都踏实了，开端如此精彩，后面还能差吗？他们一致的结论是："奥运会选择北京是正确的。"

养兵千日，用兵一时。接下来的18天赛事，终于到了检阅检验北京百万奥运大军作战装备、作战素养的时候了。赛事进行刚过三分之一，国际奥委会奥运会执行主任吉尔伯特·费利就连用五个"满意"给出他的评判。费利的五个满意，除了开幕式之外，还有奥运村、场馆、交通和志愿者。费利认为奥运村相当不

奥运比赛现场的热情观众

错，食宿好，交通也好。美国财长保尔森专程入村，为北京奥运村颁发美国绿色环保金奖——"能源与设计先锋奖"。接下来，奥运村副村长邓亚萍向记者宣布"奥运村服务'零投诉'"。费利对场馆的评价是："场馆先进，比赛精彩，运行顺畅，运动员发挥水平高。"以水立方为例，各国运动员在这里总共有17人5队24次改写21项世界纪录，而号称"菲鱼"的菲尔普斯在这里独得8枚金牌，成为一届奥运会比赛中夺得金牌最多的运动员，菲尔普斯对水立方的感觉好极了。交通是困扰历届奥运会组织者的最大难题，而费利对北京奥运会交通的评价是："交通组织工作非常顺畅，没有听到任何抱怨。"而志愿者和安保人员的微笑也给费利留下了深刻印象，他的评语是："表现非常出色。"

　　韩国《朝鲜日报》记者称年轻有礼貌有教养的志愿者为"鸟巢一代"。乌克兰奥委会主席布勃卡认为："中国人总是努力把事情做得完美，怎么称赞都不过

分。"而美国奥委会主席彼得·尤伯罗斯则坦言:"如果我有资格颁发金牌,我将把第一枚金牌颁给北京市民。"

奥运志愿者助残行动

　　2008年8月,整个北京都沉浸在浓浓的奥运氛围之中,上千万的北京人有直接、间接地服务于奥运会的,他们的感受是:"我参与、我奉献、我快乐。"而没有这个机会的北京人,几乎无一例外的也是:"我关心、我享受、我快乐。"拼车上班族快乐,省油聊奥运;结婚族快乐,8月8日登记千载难逢;体育迷快乐,零距离看"梦八",看"菲鱼",欣赏中国游泳、乒乓梦之队,真是极大的享受;文艺迷快乐,不仅自己有机会展示,还可以品味来自全国、全世界的文艺演出大宴,过瘾!北京的旅店、餐厅、景点快乐,生意滚滚来。而能够吸引所有人,最为扣人心弦的莫过于看现场直播,金牌争夺大战。只要有电视的地方,有电脑屏开着，就有人在看比赛，看得手脚冰凉也不忍离去。中央电视台、北京电视台统计的收视率，前10名几乎全被奥运赛事填满。而全世界的观众数量，根据国际奥委会主席罗格的说法，占了地球上三分之二的人口。罗格盛赞北京奥运会"无与伦比"。法国电视三台在其网站上发表文章称："2008年的夏天属于中国。"

当北京奥运会完美谢幕十二天之后，北京残奥会主题歌《和梦一起飞》唱响"鸟巢"。如果说奥运会开幕式给人的是视觉的震撼，那么主要由残疾人表演的残奥会开幕式给人的则是心灵的震撼。十二天的残奥会让北京的观众、世界的观众看到了残疾运动员和梦一起飞的毅力和勇气。同样，来自全世界的残疾运动员和残疾人宾客也感受到了北京高质量的无障碍设施服务和无障碍微笑服务。巴西残疾人记者詹森称：陪同他的志愿者陆燕雯是他在北京的天使。"谢谢北京，谢谢中国"出

残奥会闭幕式现场

自残奥会主席雷克文之口，也是很多场合外国运动员和来宾说得最多的中国话。9月10日那天，七人制足球赛场，伊朗队在3：0完胜对手之后，突然集体双膝跪地向东道主观众致谢，这一情景，感动了在场的所有人。的确，他们在北京得到了最平等、最热情的接待，就像过自己的节日。残奥会闭幕式上9万张祝福明信片从"鸟巢"飞向世界，这一封封写给未来的信，"充满了全人类对未来的憧憬"。

奥运会圣火熄灭了，习惯了每天在奥运激情中生活的北京人顿时感到有些寂寞，但北京城，北京城里的人更充实了。9月29日，奥林匹克公园对游人开放，随即到来的十一黄金周，这个公园与"鸟巢"、"水立方"成为北京新的最热门的旅游景点。而百万奥运志愿者又重现故地，为游人提供微笑服务。争议最大的机动车限行制度，终于以"每周少开一天车"的做法，于10月11日开始执行。11月31日，北京市环保局宣布："北京全年蓝天指标提前一个月实现。"权威人士分析：北京奥运会让北京社会各方面的发展，超前了10－15年，而北京奥运会的成功举办大大增强了中国的信心。美国《基督教科学箴言报》网站报道说："19世纪的中国曾经在欧洲和美国的铁蹄下饱受屈辱，一百多年来，中国领导人的目标之一就是要恢复国际社会对中国的尊重。"北京奥运会把中国推向了世界舞台的中心。

十个子年北京的故事讲完了，时间过去了108年，再过12年，又将是一个子年，公元2020年，那个时候的北京，将是什么模样？可以肯定地说，那时的北京，城会更大，天会更蓝，人会更美！让我们衷心地祝福首都北京吧！